PROJETOS DE PAZ PERPÉTUA
NO DIREITO INTERNACIONAL
CONTEMPORÂNEO

Evelyn Barreto

PROJETOS DE PAZ PERPÉTUA NO DIREITO INTERNACIONAL CONTEMPORÂNEO

wmf martinsfontes

Copyright © 2021, Editora WMF Martins Fontes Ltda.,
São Paulo, para a presente edição.

Todos os direitos reservados. Este livro não pode ser reproduzido, no todo ou em parte, armazenado em sistemas eletrônicos recuperáveis nem transmitido por nenhuma forma ou meio eletrônico, mecânico ou outros, sem a prévia autorização por escrito do editor.

1ª edição 2021

Acompanhamento editorial *Ana Paula Luccisano*
Preparação de texto *Célia Regina Camargo*
Revisões *Ana Paula Luccisano e Ana Caperuto*
Edição de arte *Gisleine Scandiuzzi*
Produção gráfica *Geraldo Alves*
Paginação *Renato Carbone*

Dados Internacionais de Catalogação na Publicação (CIP)
(Câmara Brasileira do Livro, SP, Brasil)

Barreto, Evelyn
    Projetos de paz perpétua no direito internacional contemporâneo / Evelyn Barreto ; [prefácio Paulo Borba Casella; Apresentação Cláudia Perrone-Moisés]. – São Paulo : Editora WMF Martins Fontes, 2021. – (Biblioteca Jurídica WMF)

    Bibliografia
    ISBN 978-65-86016-85-7

    1. Direito internacional público 2. Kant, Immanuel, 1724-1804 3. Relações Internacionais – Filosofia I. Perrone-Moisés, Cláudia. II. Título. III. Série.

21-74228   CDU-341

Índice para catálogo sistemático:
1. Direito internacional público   341

Cibele Maria Dias – Bibliotecária – CRB-8/9427

Todos os direitos desta edição reservados à
Editora WMF Martins Fontes Ltda.
Rua Prof. Laerte Ramos de Carvalho, 133 01325.030 São Paulo SP Brasil
Tel. (11) 3293.8150 e-mail: info@wmfmartinsfontes.com.br
http://www.wmfmartinsfontes.com.br

SUMÁRIO

Agradecimentos, IX
Prólogo, XI
Apresentação, XV
Prefácio, XVII

Introdução, XXV

PRIMEIRA PARTE · BASES TEÓRICAS

1. ANTECEDENTES TEÓRICOS E PRECURSORES DO DIREITO INTERNACIONAL, 3

    1.1. Antecedentes teóricos do Direito Internacional, 12
    1.2. Precursores do Direito Internacional: doutrinas clássicas, 26

    1.2.1. Francisco de Vitória e Francisco Suarez, 27
    1.2.2. Alberico Gentili, 30
    1.2.3. Hugo Grócio, 32

SEGUNDA PARTE · PROJETOS DE PAZ PERPÉTUA

2. OS PROJETOS DE PAZ PERPÉTUA NO PENSAMENTO OCIDENTAL, 39

    2.1. William Penn: ensaio para se conseguir uma paz presente e futura na Europa, 48

2.2. Abbé de Saint-Pierre: projeto para tornar perpétua a paz na Europa, 58

2.3. Jean-Jacques Rousseau: *Julgamento* e *Extrato do projeto de paz perpétua do Abbé de Saint-Pierre*, 65

TERCEIRA PARTE · O PROJETO DE PAZ PERPÉTUA KANTIANO

3. O PENSAMENTO KANTIANO, 73

3.1. O projeto filosófico para a paz perpétua, 83

3.1.1. Apresentação dos artigos preliminares, 83

3.1.2. Apresentação dos artigos definitivos, 88

3.1.3. A garantia e o artigo secreto para a paz perpétua: suplementos, 93

3.1.4. Do desacordo entre a moral e a política em relação à paz perpétua e da harmonia estabelecida pelo conceito transcendental: apensos, 96

3.2. Evidências da paz perpétua kantiana no Direito Internacional contemporâneo, 97

3.2.1. Organização das Nações Unidas (ONU), 101

Conclusão, 109

Apêndice – *Técnicas para uma possível alteração da disposição humana em prol da paz mundial* – resposta de Carl G. Jung para a Unesco (1948), 113

Bibliografia, 117

Para Leonor, pelo incentivo entusiasta e inabalável em todos os meus projetos, sejam eles de "paz perpétua" ou não, desde sempre...

AGRADECIMENTOS

Devo este trabalho à querida Professora Cláudia Perrone-Moisés, que me acolheu e orientou quando da fase final de minha dissertação de mestrado. Agradeço pela paciência, pela compreensão e pelo "vivo incentivo", em forma de exemplo, na vida acadêmica. Gratidão pelas preciosas aulas, pelas discussões filosóficas e, principalmente, pelo estímulo às minhas pesquisas sobre a temática kantiana no Direito Internacional.

Ao Professor Paulo Borba Casella, entusiasta e estandarte da história do Direito Internacional no Brasil e no mundo, pelo privilégio das leituras e das aulas que colaboraram, de forma ímpar, para a elaboração deste livro.

Ao Professor Gustavo Ferraz de Campos Mônaco pelas preciosas palavras proferidas em minha banca de mestrado e pelos ensinamentos práticos no árduo cotidiano da docência.

E, por fim, mas não menos importante, à WMF Martins Fontes, minha dileta editora e livraria, pelo privilégio de publicar ao lado de autores que tanto estimo. Agradeço ao Alexandre Martins Fontes, à Luciana Veit, à Helena Bittencourt e, principalmente, ao Erivan Soares por me ajudarem nesta "autoprofecia" cumprida...

PRÓLOGO

O que se entende por paz?

Ao longo da história da humanidade, o conceito de "paz" foi elaborado de forma negativa, como a ausência da "guerra", enquanto o conceito de "guerra" recebeu significados caracterizantes[1]. Dentro do par semântico "guerra-paz", o primeiro é o termo forte e o segundo, posto que negação do primeiro, o termo fraco[2].

O intuito deste livro é justamente tentar conceituar a paz não apenas como a antítese da guerra, mas também como um "objetivo" a ser almejado pela comunidade internacional, além de um "processo" contínuo de manutenção da harmonia nas relações humanas.

Como alcançar a paz?

A investigação histórica sobre a paz aqui empreendida demonstrou a necessidade de maior domínio e compreensão dos chamados "projetos de paz perpétua", cujo traço comum é a aspiração por relações internacionais mais respeitosas e fundadas em normas e valores compartilhados pela sociedade internacional.

---

[1] BOBBIO, Norberto. *O positivismo jurídico*: lições de filosofia do direito. Trad. Márcio Pugliesi, Edson Bini e Carlos E. Rodrigues. São Paulo: Ícone, 2006, pp. 139-40.
[2] BOBBIO, Norberto. *O filósofo e a política*: antologia. Org. José Fernandez Santillán. Rio de Janeiro: Contraponto, 2003, p. 322.

O livro se propõe a demonstrar que a "busca pela paz" acompanhou o desenvolvimento progressivo do "Direito Internacional", ora como inspiração para a evolução de seus institutos, ora como consequência deles.

A paz pode ser institucionalizada?

A busca pela paz, como dito, permeou a história da humanidade, tendo se acentuado após os horrores da Segunda Guerra Mundial. A urgência em manter a delicada paz entre os Estados e em estabelecer padrões mínimos universais de respeito ao indivíduo foi formalizada a partir da concepção da Organização das Nações Unidas em 1945, uma organização mundial de vocação universal que reúne todos os Estados da sociedade internacional.

De todos os projetos estudados, *Para a paz perpétua* de Immanuel Kant é, sem dúvida, uma das grandes influências da Carta da ONU e de outros documentos internacionais contemporâneos. Recorrente no pensamento kantiano, a "busca perpétua pela paz" colabora para a ressignificação do conceito de "paz" como uma inspiração constante para relações mais amistosas nas esferas internacional, nacional e também nas relações individuais.

Aos estudiosos e aos entusiastas da paz mundial, desejo uma ótima leitura!

Evelyn Barreto

Se é um dever, e ao mesmo tempo uma esperança, contribuirmos todos para realizar um estado de direito público universal, mesmo que seja só em aproximação progressiva, a ideia da "paz perpétua", que se deduz dos até hoje falsamente chamados tratados de paz – na realidade, armistícios –, não é uma vã fantasia, mas um problema que vai resolvendo pouco a pouco, aproximando-nos prontamente do fim almejado, já que o movimento do progresso há de ser, no futuro, mais rápido e eficaz do que no passado.

– Kant

APRESENTAÇÃO

Desde que foi minha aluna, pela primeira vez, Evelyn Barreto sempre se destacou pelo interesse apaixonado pelo direito internacional, em especial, pelos aportes de Kant para a disciplina. *Projetos de paz perpétua no direito internacional contemporâneo* é resultado de pesquisa empreendida pela autora para compor sua dissertação de Mestrado em direito internacional, defendida com sucesso em 2013, na Faculdade de Direito da USP, sob minha orientação. Evelyn continuou fiel, em sua carreira acadêmica, aos seus interesses intelectuais, demonstrando assim sua seriedade e seu envolvimento legítimo com a obra de Kant. Agora, já em nível de doutorado, sua pesquisa trata da *Hospitalidade Universal* e do *Direito Cosmopolítico,* tendo como objetivo demonstrar sua contribuição para a internacionalização dos direitos humanos no mundo moderno.

Este livro que a WMF Martins Fontes oportunamente publica é um trabalho sério e muito bem elaborado. Partindo dos primórdios da construção teórica da paz na Antiguidade até o projeto de Kant, o livro percorre, com desenvoltura, os principais momentos dessa árdua luta pela paz no mundo, através da análise dos principais autores e obras que trataram do tema. O livro demonstra ainda que, longe de pertencer ao passado, os projetos de paz continuam sendo um instrumento de extrema atualidade para pensar o presente. Na certeza da qualidade do trabalho de Evelyn Barreto e com a alegria de ver uma querida aluna trilhando com sucesso os caminhos acadêmicos, recomendo vivamente a leitura deste belo livro.

Cláudia Perrone-Moisés
Professora do Departamento de Direito
Internacional e Comparado da Faculdade
de Direito da Universidade de São Paulo.

PREFÁCIO

Paulo Borba Casella[1]

Perspectives are not necessarily bleak; they are totally uncertain. The shadow line remains present; higher standards may be looked for; they remain to be first achieved and then implemented – if ever... [2]

A dedicação de Evelyn Barreto à figura e à obra de Immanuel Kant com relação ao tema *Projetos de paz perpétua no direito in-*

---

[1] Professor titular de Direito Internacional Público da Faculdade de Direito da Universidade de São Paulo, presidente do Instituto de Direito Internacional e Relações Internacionais (Idiri) de São Paulo, coordenador do Centro de Estudos sobre Proteção Internacional de Minorias (Cepim) da Universidade de São Paulo (USP) e do Grupo de Estudos sobre os Brics (Gebrics) da USP. Ministrou curso sobre Direito Internacional, História e Cultura na Academia de Direito Internacional da Haia, em janeiro de 2020, no curso de Direito Internacional da Organização dos Estados Americanos (em 2009 e em 2015), bem como em numerosas universidades, no exterior e no Brasil.

[2] CASELLA, Paulo Borba. "Pax Perpetua: a Review of the Concept from the Perspective of Economic Integration". In: _____ (Coord.). *Dimensão internacional do direito*: estudos em homenagem a G. E. do Nascimento e Silva. São Paulo: LTr, 2000, pp. 69-88, *cit.* § 32 e 33, *in fine*: "Kant's dilemma is not just a learned question from the past; we are still fighting with the same issues. No substantial innovations were achieved over the last two hundred years, although some concepts have been crystallizing as to outcast war, as a valid means for seeking peaceful settlement of disputes. Suspension of war can be reached, only to fail again thereafter; this is not yet peace, just the suspension of hostilities. Building peace and making it to last, however, remains utterly utopia."

ternacional contemporâneo vem de alguns anos. Essa vocação tem sido por ela cultivada e se mostrado diuturnamente nas suas intervenções "kantianas" em cursos de pós-graduação, em participações em seminários, que tive ocasião de acompanhar – mesmo sem ser seu orientador –, dentro e fora da Faculdade de Direito da Universidade de São Paulo, bem como na sua atividade docente em Direito Internacional.

Muitas vezes, alunas e alunos vêm conversar a respeito de possíveis projetos de iniciação científica, de tese de láurea, de mestrado, de doutorado ou mesmo de pós-doutorado, sem saberem exatamente sobre o que desejam falar, mas sabem que desejam falar. Essa indefinição quanto ao conteúdo é algo preocupante. E, normalmente, cabe aconselhar que se escolha, a princípio, o *que* se quer estudar e escrever, depois, se volte a conversar a respeito de *como* o fazer.

Não foi e não é o caso de Evelyn Barreto. A tal ponto se faz presente esse seu "engajamento" com o filósofo de Königsberg, que os colegas sempre costumavam referir a "predileção kantiana" de Evelyn. Sorte, não, escolha deliberada e sincera – que se conserva e se confirma, faz já alguns anos.

Gostar de modo sincero, bem como estudar diuturnamente a obra de pensador da estatura e da consistência intelectual de Kant, é algo inspirador e muito positivo de se encontrar no ambiente acadêmico, por vezes influenciado por modismos e condicionamentos ideológicos, norteando os autores que se estudam e se citam – e, por vezes, citam-se uns e outros que sequer são estudados! Costumo brincar que a definição de "clássica" é a obra que muitos citam, mas poucos leram.

Merece destaque o "engajamento kantiano" de Evelyn por se tratar de interesse legítimo e sincero pela obra e pela contribuição de um dos maiores filósofos da tradição ocidental moderna, cuja imensa obra constitui linha mestra do pensamento filosófico até nossos tempos[3], matriz e inspirador de tradição multifacetada – marcando outros filósofos da importância de Hegel, de Fichte, de Schelling, de Schopenhauer, posteriormente se desdobrando nas diversas correntes de todos os assim chamados "neokantianos"[4]. Além dessa enorme contribuição, Kant também pensou o tema da paz.

Dentre as matérias sobre as quais se debruçou Kant, a temática da paz perpétua permanece atualíssima e sua perquirição no Direito Internacional Contemporâneo é oportuna e necessária[5]. De modo preocupante, nos vemos em contexto internacional que se tem pautado pela recorrência e pelo acirramento dos nacionalismos e de perniciosos discursos, contrários ao Direito Interna-

---

[3] REALE, Giovanni e ANTISERI, Dario. *Filosofia*: Idade Moderna. 2ª ed. São Paulo: Paulus, 2018, no contexto d'*a virada crítica do pensamento ocidental*, cap. XXIV – Kant e a fundação da filosofia transcendental, pp. 759-830, *cit*. p. 823: "Se a saída do estado de natureza para aportar numa sociedade civil entre livres e iguais juridicamente organizada é, na opinião de Kant, um dever moral, dever moral é também fazer sair cada Estado do estado de natureza em que se encontram nos seus recíprocos relacionamentos e chegar mediante sua 'união geral' a uma sociedade universal regida por leis que, delimitando a liberdade de cada Estado, a garantam simultaneamente a todos".

[4] ARENDT, Hannah. *Lições sobre a filosofia política de Kant*. Trad. André Duarte de Macedo. 2ª ed. Rio de Janeiro: Relume-Dumará, 1993; BENDA, Julien. *O pensamento vivo de Kant*. Trad. W. Veloso. São Paulo: Edusp/Martins Fontes, 1976; BROOK, Andrew. *Kant and the Mind*. Cambridge: Cambridge University Press, 1997; FERRY, Luc. *Kant: une lecture des trois 'critiques'*. Paris: Grasset, 2006; GADAMER, Hans-Georg. *Kant*. Frankfurt: Fischer Bücherei, 1960; GALEFFI, Romano. *A filosofia de Immanuel Kant*. Brasília: Ed. da UnB, 1986; HÖFFE, Otfried. *Immanuel Kant*. Trad. C. V. Hamm e V. Rohden. São Paulo: Martins Fontes, 2005; LACROIX, Jean. *Kant et le kantisme*. Paris: PUF, 1966; PHILONENKO, Alexis. *Kant et Fichte*: qu'est-ce que la philosophie? Paris: Vrin, 1991.

[5] Como examinei em "Pax Perpetua: a Review of the Concept from the Perspective of Economic Integration", *op. cit.*, pp. 69-88. Ver também: GUINSBURG, J. (Org.). *A paz perpétua*: um projeto para hoje. Trad. J. Guinsburg. São Paulo: Perspectiva, 2004, esp. ROSENFELD, Anatol. "O problema da paz universal: Kant e as Nações Unidas", pp. 89-99; NOUR, Soraya. *À paz perpétua de Kant*: filosofia do direito internacional e das relações internacionais. São Paulo: WMF Martins Fontes, 2004.

cional e às instituições internacionais, notadamente a Organização das Nações Unidas e a Organização Mundial da Saúde. Basta olhar para o contraste na década de 1920, quando se experimentaram relevantes inovações no sistema institucional e normativo internacional[6] para dar lugar ao crescimento desse mal nacionalista na década de 1930 e ver a que levaram tais discursos, de viés anti-internacional e anti-institucional – ao maior desastre da história humana até hoje registrado, a Segunda Guerra Mundial.

Consciente do caráter cumulativo do legado da civilização, costuma-se dizer, desde a Idade Média, que cada geração se coloca sobre os ombros das precedentes e, a partir desse ponto, pode abranger panorama mais amplo do que se estivesse somente sobre as próprias pernas – e isso vale tanto para usufruir as realizações quanto para pagar pelos erros: uns e outros serão compartilhados. Em todas as áreas do conhecimento, e muito especialmente no Direito Internacional, é preciso não esquecer as lições da história.

Estou convencido da necessidade e da conveniência de se adotar perspectiva histórica para estudar e aplicar o Direito Internacional: este não pode ser adequadamente contextualizado e implementado, desligado do tempo histórico, bem como do contexto cultural no qual se inscreve[7]. Posso dizer que Evelyn Barreto pa-

---

[6] CASELLA, Paulo Borba. *Tratado de Versalhes na história do direito internacional*. São Paulo: Quartier Latin, 2007, p. 12: "Muito se criticou a construção, feita após a Primeira Guerra Mundial, atribuindo-se-lhe ora todo o bem, ora todos os males, pelo que veio a seguir. Mas, cabe considerar o conteúdo e o alcance do Tratado de Versalhes, como marco e como momento significativo da história do direito internacional. Cabe, sobretudo, estudar não somente os acertos, como os erros cometidos, para evitar que estes possam ser novamente incorridos." Ver também BOUCHARD, Carl. *Le citoyen et l'ordre mondial (1914-1919)*: le rêve d'une paix durable au lendemain de la Grande Guerre, en France, en Grande-Bretagne et aux États-Unis. Paris: Pedone, 2008.

[7] Nesse sentido, CASELLA, Paulo Borba. *Direito internacional, história e cultura* (São Paulo, em preparação), bem como "Droit international, histoire et culture",

rece compartilhar dessa compreensão, como se depreende da leitura deste seu *Projetos de paz perpétua no direito internacional contemporâneo*.

A temática da paz perpétua tem longa tradição no Direito Internacional e nas relações internacionais:

> [...] a ideia de Europa, calando substancial falência política atrás de nome evocador da suposta missão civilizadora de bloco de nações, somente poderia ter futuro, em nossos dias, na medida em que se associasse a valores ecumênicos – e portanto não político-geográficos – de solidariedade.[8]

---

curso ministrado na Academia de Direito internacional da Haia, em janeiro de 2020 (em Collected Courses of the Hague Academy of International Law, pp. 9-609, jan. 2020). Ver também: CASELLA, Paulo Borba. *Direito internacional no tempo antigo*. São Paulo: Atlas, 2012; CASELLA, Paulo Borba. *Direito internacional no tempo medieval e moderno até Vitória*. São Paulo: Atlas, 2012; CASELLA, Paulo Borba. *Direito internacional no tempo moderno*: de Suárez a Grócio. São Paulo: Atlas, 2014; CASELLA, Paulo Borba. *Direito internacional no tempo clássico*. São Paulo: Atlas/GEN, 2015; CASELLA, Paulo Borba. *Direito internacional no tempo do Iluminismo* e *Direito internacional no tempo do colonialismo* (São Paulo, em preparação).

[8] Já examinava em CASELLA, Paulo Borba. *União Europeia*: instituições e ordenamento jurídico. São Paulo: LTr, 2002, p. 84. Ver também CASELLA, Paulo Borba. *Comunidade europeia e seu ordenamento jurídico*. São Paulo: LTr, 1994, esp. 1.2 – "Projetos e experiências de União Europeia: antecedentes históricos", pp. 58-75, e 1.3 – "Mitos e metáforas da unificação europeia", pp. 75-90, *cit*. p. 89: "O percurso histórico da concepção de Europa e os anseios por sua unidade e paz, desde DANTE, no início do século XIV, até o discurso na Universidade de Zurique, pronunciado por Winston CHURCHILL, em 1946, e a Declaração SCHUMAN, de 1950, representam não somente o transcurso de seiscentos anos de história europeia, marcados por conquistas e realizações, mas também por guerras e conflitos internos crônicos e altamente devastadores, como também a mudança conceitual do discurso europeu, decorrente da percepção do esgotamento dos modelos anteriores, de mera coordenação, cristalizados em torno do dogma político da soberania estatal, alternando alianças e tentativas hegemônicas e uniões em face de ameaças externas, somente temporárias e exclusivamente em razão de necessidades prementes, até que se viesse a passar para concepção de integração estável e institucional, de caráter supranacional, que, embora não seja nova enquanto concepção teórica, por vez primeira seria ensaiada na prática."

Muitos autores se debruçaram sobre o tema, ao longo dos séculos – e Evelyn Barreto nos traz alguns dentre os mais relevantes, tais como Francisco de Vitória, Francisco Suarez, Alberico Gentili e Hugo Grócio, na perspectiva do Direito Internacional, bem como outros projetos de paz perpétua no pensamento ocidental, tais como o de William Penn, o de Charles Irénée Castel de Saint Pierre e o resumo deste por Jean-Jacques Rousseau. Muitos se debruçaram sobre o tema – como também G. W. Leibniz[9] ou D'Alembert[10] – antes de chegar a Kant[11], que se torna a formulação mais difundida dessa concepção. A tal ponto que J. Habermas fala na paz perpétua como uma "ideia kantiana"[12] ao

---

[9] LEIBNIZ, G. W. *Observations sur le projet de paix perpétuelle de l'abbé de Saint-Pierre*. Caen: Centro de Filosofia Política e Jurídica, Universidade de Caen, Biblioteca de Filosofia Política e Jurídica, 1993. Textos e documentos. A respeito, ver CASELLA, Paulo Borba. "O direito segundo Leibniz". In: _____. *Direito internacional no tempo clássico, op. cit.*, item 22.1, pp. 657-704, *cit.* p. 685): "A crítica, quanto à viabilidade de alcançar a paz perpétua, compartilhada por LEIBNIZ, por VOLTAIRE e, mais tarde, por KANT, já se encontrava claramente referida em LEIBNIZ, nas suas considerações introdutórias ao *Codex Juris Gentium* (1693) – e registre-se que LEIBNIZ o fez, muitas décadas antes de VOLTAIRE, e mais de um século antes do 'ensaio sobre a paz perpétua' de KANT (1795)."

[10] D'ALEMBERT, J. le R. *Éloge de l'abbé de Saint-Pierre*. Caen: Centro de Filosofia Política e Jurídica, Universidade de Caen, Biblioteca de Filosofia Política e Jurídica, 1993. Textos e documentos.

[11] "L'idée de paix perpétuelle n'appartient pas à KANT", expõe Jean Ferrari. In: FERRARI, J. e GOYARD-FABRE, S. (Eds.). *L'année 1796 sur la paix perpétuelle*: de Leibniz aux héritiers de Kant. Paris: Vrin, 1998, Prefácio, pp. 9-10. Ver também ROBINET, André, "Les enseignements d'une correspondance au sujet de la paix: Leibniz – Saint Pierre (1714-1716)". In: FERRARI, J. e GOYARD-FABRE, *op. cit.*, p. 54, que avalia: "cette correspondance permet de saisir en plein développement la pensée de ces deux prodigieux champions de la paix. Les tendances réalistiques du conseiller, historien, juriste, métaphysicien Leibniz refrènent l'ardeur volontariste de l'abbé moins engagé dans le corps à corps international, plus 'philosophe'. Mais l'un et l'autre représentent, en ces années de la grande ouverture du siècle des Lumières, deux efforts considérables pour enrichir le concept de paix et n'en pas faire que le creuset vide de l'absence de guerre".

[12] HABERMAS, Jürgen. *Kants Idee des Ewigen Friedens*: aus dem historischen Abstand von 200 Jahren. Frankfurt am Main: Suhrkamp, 1996; publicado simultaneamente também em edição francesa, *La paix perpétuelle*: le bicentennaire d'une

retomar o tema, passados 200 anos do ensaio de Kant, mas, séculos antes dele, muito já se escrevera sobre essa matéria[13].

As reflexões de Immanuel Kant sobre a paz perpétua merecem muito mais do que a rápida e superficial menção que normalmente recebem em múltiplas publicações, que se multiplicam. Basta considerarmos a relevância de sua contribuição a respeito da paz, tanto na *Ideia sobre a história universal com um propósito cosmopolita*, em 1784 (*Idee zur einer allgemeinen Geschichte in weltbürgerlichen Absicht*), como, especialmente, no ensaio sobre a paz perpétua, publicado pelo filósofo aos 70 anos, em 1795 (*Zum ewigen Frieden, ein philosophischer Entwurf*)[14]. Nesse mesmo ano de 1795, são celebrados os tratados de Basileia e de Haia, e se rompe a primeira coalizão contra a França revolucionária,

---

idée kantienne. Trad. Rainer Rochlitz. Paris: Édition du Cerf, 1996, pp. 7-8: "La conclusion 'et écarte toute guerre' surprend. Elle donne à entendre que les normes du droit des gens, qui régulent la guerre et la paix, ne sont supposées être en vigueur qu'à titre péremptoire, plus précisément jusqu'à ce que le pacifisme juridique auquel KANT, par son écrit sur le Projet de paix pérpetuelle, prépare la voie, ait atteint un état cosmopolitique et par la même abolisse la guerre."

[13] Nesse mesmo sentido, também o conjunto dos ensaios reunidos no volume de BOHMAN, J. e LUTZ-BACHMANN, M. (Eds.). *Perpetual Peace*: Essays on Kant's Cosmopolitan Ideal. Cambridge: The MIT Press, 1997, esp. APPEL, Karl--Otto. "Kant's 'Toward Perpetual Peace' as Historical Prognosis from the Point of View of Moral Duty", pp. 79-110, *cit*. p. 107: "The final step in the transcendental reflexive reconstruction of Kant's discourse on the 'fact of pure (practical) reason' supplies the basis for an ultimate justification of the ethics of reason, which shows the moral duty to bring about a legal system in both its national and cosmopolitan forms. It also shows that there is a duty to adopt the hypothetical orientation in notions of the philosophy of history toward the idea of progress."

[14] KANT, I. *Zum ewigen Frieden*: ein philosophischer Entwurf (orig. publ. 1795, mit Einleitung und Anmerkungen, Bibliographie und Registern kritisch herausgeben von Heiner F. Klemme. Hamburg: Felix Meiner, 1992) ou também na edição *Projet de paix pérpetuelle*. Trad., apres. e comment. de J.-J. Barrère e C. Roche. Paris: Nathan – Les Intégrales de Philo, 1991; "Idee zu einer allgemeinen Geschichte in weltbürgerlicher Absicht" (orig. publ. 1784, em francês, "Idée d'une histoire universelle au point de vue cosmopolitique". In: KANT, I. *Opuscules sur l'histoire*. Trad. S. Piobetta, introd., notas, biblio. e cronol. P. Raynaud. Paris: Flammarion, 1990, pp. 69-89).

esgota-se a primeira edição de 1.500 exemplares, em poucas semanas, e é seguida de nova edição, no ano seguinte, na trilha da qual surge também, pelo mesmo editor Nicolovius, de Königsberg, a tradução anônima para o francês, logo retomada pelos editores parisienses Jansen e Perronneau, sob o título *Projet de paix perpétuelle, essai philosophique*, sendo este o primeiro escrito de Kant a ser vertido para o francês.

Como sabiamente advertia Kant, a construção da paz não é tarefa simples, nem tarefa que se possa pretender alcançar em curto prazo, mas tem tal importância que precisa ser buscada. Essa busca tem de ser sempre renovada. Nesse sentido, o trabalho de Evelyn Barreto se completa com as "evidências da paz perpétua kantiana no Direito Internacional contemporâneo" (itens 3.2 e 3.2.1, com as considerações sobre a Organização das Nações Unidas). E igualmente interessante o apêndice, com as "Técnicas para uma possível alteração da disposição humana em prol da paz mundial – resposta de Carl G. Jung para a Unesco (1948)". Ávido leitor de Kant, demonstra Jung clara influência da investigação da paz à luz de um "progresso moral da humanidade", o que se daria por meio de mudanças operadas primeira e peremptoriamente no âmbito de cada indivíduo, para, depois, se refletir em toda a coletividade. Essa "coletividade" seria não somente o povo de cada Estado, mas também o conjunto da humanidade, como sujeito de Direito Internacional. E, justamente, cabe considerar a humanidade como fim último de qualquer esforço institucional e normativo internacional, visando à construção da paz.

São Paulo, 16 de agosto de 2021.

INTRODUÇÃO

> A construção da paz e a durabilidade desta como premissas de ordenação humana do mundo: cabe enfatizar, de ordenação teleologicamente humana do mundo! *Tão fácil de se desejar, como complexo para se construir* [...].
>
> Paulo Borba Casella

O presente estudo tem como objetivo apresentar a construção teórica da paz desde a Antiguidade até o advento moderno dos "projetos de paz perpétua". Propõe-se, para isso, realizar a investigação da paz em correlação direta com o desenvolvimento histórico e atual do Direito Internacional, por exemplo, a partir da criação da Organização das Nações Unidas (ONU).

Com apoio neste intento, entender-se-á por "simbólica da paz" o conjunto de expressões, discursos, mitos e ritos cotidianos por meio dos quais a humanidade buscou apresentar a relevância do conceito de paz. Nesse sentido, essa "simbólica" concerne tanto à demonstração da consciência do ser humano em relação ao seu convívio em sociedade, quanto à ideia de concórdia entre os povos.

Já na mitologia grega, a temática da paz foi explorada no poema épico "Teogonia" (700 a.C.) de Hesíodo, no qual eram apresentadas três divindades da natureza dotadas da função de assegurar o equilíbrio da vida em sociedade. Tais deusas eram filhas de Têmis e Zeus e chamavam-se: Eirene ("deusa da paz"), Eunomia ("deusa da ordem") e Diké ("deusa da justiça"). Eirene, como representação da paz, era constantemente perseguida por Ares, o "deus da guerra"[1].

Nas grandes civilizações subsequentes, também é possível verificar como a busca pela paz pautou a conduta social e, em grande medida, contribuiu para o desenvolvimento e para a internacionalização de institutos jurídicos correlatos. Importa afirmar que, por séculos, as contribuições teóricas sobre a paz foram fortemente influenciadas por fundamentos cristãos, assim como será visto no decorrer desta obra.

Ainda nesse sentido, devemos levar em conta que a construção progressiva de uma investigação não pode prescindir do elemento histórico[2], motivo pelo qual, com o nascimento da figura dos Estados soberanos e a preponderância da racionalidade moderna, nota-se um redimensionamento da simbólica da paz no Ocidente, que propiciou o surgimento de novos pilares teóricos da paz: os "projetos de paz perpétua"[3].

---

[1] HESIOD. *Hesiod, homeric hymns, epic cycle, homerica.* Trad. e estudo Hugh G. Evelyn-White. Cambridge: Harvard University Press, 1995, pp. 901-6. Loeb Classical Library.

[2] Wolfgang Friedmann conecta de maneira inexorável o Direito, a sociedade e a história. A partir dessa conexão estabelecida, compreende-se que o estudo do Direito, particularmente do Direito Internacional, não pode prescindir do elemento histórico. (FRIEDMANN, Wolfgang. *The Changing Structure of International Law.* New York: Columbia University Press, 1964, p. 7.)

[3] "Foi no tempo do Iluminismo que se cria a história do direito internacional como novo campo de estudo, ainda relutante em chamá-lo de ciência. Trata-se da conscientização do trajeto já percorrido, a preparar o caminho para o futuro: a construção da utopia, com a multiplicação das formulações dos projetos para tornar perpétua a paz na Europa – do Abbé de Saint-Pierre (1713) a Immanuel Kant, no *Ensaio sobre a paz perpétua* (1795), com vários autores, entre esses dois marcos, ao longo do século XVIII." (ACCIOLY, Hildebrando; SILVA, Geraldo Eulálio do Nascimento e CASELLA, Paulo Borba. *Manual de direito internacional público.* 17ª ed. São Paulo: Saraiva, 2009, p. 47.)

Figura 1. Eirene (rainha da Paz) carregando Pluto (rei da Riqueza), cópia romana de uma estátua votiva de Cefisódoto (cerca de 370 a.C.) que se encontrava na Ágora de Antenas.

A primeira parte deste livro tem o intuito de explicitar as bases teóricas dos projetos de paz perpétua, mantendo como eixo o fluxo histórico do Direito Internacional Público (DIP)[4] e consignando a importância de determinadas correntes filosóficas, como a do "direito natural", ao apresentar o pensamento dos precursores teóricos do DIP.

A segunda parte versa sobre os mais relevantes e conhecidos "projetos de paz perpétua". Em razão da multiplicidade de autores e de idiomas das obras analisadas, buscou-se, no momento da tradução, a maior aproximação possível da redação original dos manuscritos.

Destaque foi dado ao projeto de William Penn, pouco explorado pela doutrina brasileira e ainda carente de uma versão em língua portuguesa, segundo o qual a renúncia da violência nas relações entre os Estados soberanos, no âmbito europeu, deveria ser concretizada por meio da elaboração de um Parlamento representativo que funcionasse com base no Direito.

Também mereceu realce o minucioso projeto de autoria do Abbé de Saint-Pierre, o qual pugnou por uma Constituição europeia que mantivesse a relação de poder entre os Estados, garantindo seus direitos hereditários e promovendo a solução de conflitos por meio de mediação e arbitragem.

Ainda, especial atenção foi dada ao comentário que o filósofo Jean-Jacques Rousseau fez do projeto de Saint-Pierre, atualizando

---

[4] Sob esse prisma, observa-se que a percepção do Direito Internacional como produto de seu tempo e meio cultural não é nova. Na década de 1920, Serge A. Baron Korff e Otfried Nippold contribuíram para a evolução da abordagem histórica do Direito Internacional em seus cursos na Academia de Direito Internacional de Haia. (KORFF, Serge A. "Introduction à l'histoire du droit international". *Recueil des Cours*, Haia, v. 1, pp. 5-23, 1923. Collected Courses of The Hague Academy of International Law; DU NIPPOLD, O. "Le développement historique du droit international depuis le Congrès de Vienne". *Recueil des Cours*, Haia, v. 1, n. 2, pp. 1-121, 1924. Collected Courses of The Hague Academy of International Law.)

e trazendo publicidade ao pensamento do abade, além de acrescentar critérios próprios para a busca da paz internacional, por exemplo, a necessidade da representação democrática no âmbito interno dos Estados.

A preocupação em suscitar as referidas contribuições teóricas para a investigação da paz no Direito Internacional se justifica por comporem o arcabouço teórico da "paz perpétua" de Immanuel Kant, autor de maior relevo na temática escolhida e verdadeiro centro norteador da presente obra.

A terceira parte convida o leitor a percorrer o caminho teórico de Kant em seu projeto de paz perpétua. A relevância do projeto kantiano decorre de sua proposta robusta e contínua para a superação dos conflitos e para a instauração de relações amistosas entre as nações[5]. Essa parte do estudo ainda tece considerações sobre o impacto do projeto kantiano na busca pela realização institucional da paz, em especial por meio da concepção das organizações internacionais, com ênfase em duas experiências: a breve existência da Sociedade das Nações e a fundação da Organização das Nações Unidas.

No âmbito da ONU, comenta-se a influência do pensamento kantiano na manutenção e no restabelecimento da paz por meio da atuação de dois de seus principais órgãos: o Conselho de Segurança e a Assembleia Geral da ONU.

Outrossim, o apêndice traz em tradução livre e adaptada o texto "Técnicas para uma possível alteração da disposição humana em prol da paz mundial", de autoria do psiquiatra suíço Carl

---

[5] "[...] ele nos propõe, há dois séculos, o esboço de um verdadeiro edifício conceitual e de uma estrutura empírica capazes de superar contingência e conflito e instaurar relações de confiança e cooperação entre as nações". (LAFER, Celso. "Kant e a razão abrangente da humanidade no percurso de Sérgio Vieira de Mello". In: MARCOVITCH, Jacques (Org.). *Sérgio Vieira de Mello*: pensamento e memória. São Paulo: Saraiva, 2004, p. 47.)

Gustav Jung, que demonstra a influência da investigação kantiana nos argumentos junguianos para o desenvolvimento progressivo da consciência individual e da humanidade como um todo.

Finalmente, vale ressaltar que a intenção da presente obra é oferecer ao leitor um estudo sistematizado dos mais relevantes projetos de paz perpétua e institutos do Direito Internacional que exercem inegável influência na busca e na manutenção da paz. Espera-se que a obra possa incentivar estudiosos a continuarem nesse caminho, na companhia dos grandes teóricos da paz.

PRIMEIRA PARTE

BASES TEÓRICAS

CAPÍTULO I

ANTECEDENTES TEÓRICOS E PRECURSORES DO DIREITO INTERNACIONAL

> *Se o meu inimigo está em extrema necessidade, e já não pode prejudicar-me, estou na obrigação de ajudá-lo.*
>
> Francisco de Vitória

A evolução do Direito Internacional Público (DIP) foi continuamente moldada por acontecimentos históricos, motivo pelo qual ocorreram progressivas mudanças em suas fontes, fundamentações teóricas e paradigmas. A despeito dessas mudanças, uma fonte constante de inspiração acompanhou o desenvolvimento da disciplina: a busca pela paz entre as comunidades humanas, fossem elas organizadas em clãs, nações ou Estados institucionalizados[1].

Não obstante o advento de novos ramos especializados do DIP, tais como o Direito Internacional Penal e o Direito Internacional do Meio Ambiente, pode-se observar, desde sua gênese como disciplina autônoma até os dias atuais, a existência de al-

---

[1] "A estruturação do direito internacional como disciplina autônoma das ciências jurídicas foi devida, principalmente, à transferência do debate da guerra justa (guerra legítima) e a que não o era, baseada em considerações filosóficas e ideológicas, no nível do direito concebido como regime jurídico de relações internacionais nesta situação (guerra legal)." (SWINARSKI, Christophe. *Direito internacional humanitário*: como sistema de proteção internacional da pessoa humana (principais noções e institutos). São Paulo: Revista dos Tribunais: NEV/USP, 1990, pp. 19-20.)

guns temas fundamentais e perenes do DIP, tais como: a guerra e a regulação das relações hostis (*jus ad bellum* e *jus in bello*)[2]; a diplomacia e suas missões (permanentes e especiais); as negociações internacionais com vista a estabelecer direitos e obrigações entre as partes (tratados); e a cooperação em matérias de interesses comuns (extradição, imunidades e livre navegação)[3].

Para os fins do presente livro, faz-se necessário, em um primeiro momento, compreender a própria definição do "Direito Internacional Público" dentro da terminologia jurídica. Conforme bem ponderou Hans Kelsen em seus *Princípios do direito internacional* (1952): "qualquer tentativa de definir um conceito deve proceder de determinado uso linguístico, do sentido corriqueiro da palavra pela qual pretendemos designar o respectivo conceito"[4].

Nesse sentido, para que se possa chegar a uma definição, será adotada a acepção contemporânea do Direito Internacional[5], ou

---

[2] "A expressão *jus ad bellum* refere-se ao corpo de normas que regula o uso do recurso à força, isto é, trata da legitimidade do 'direito à guerra', enquanto a expressão *jus in bello* refere-se ao corpo de normas que regula as condutas proibidas ou permitidas dentro das hostilidades, sejam elas nacionais ou internacionais. Essa distinção, apesar de sua utilidade didática, tem sido atenuada por diversos fatores, em especial pela interdependência entre ambos os corpos normativos constantemente observada em documentos jurídicos internacionais e comprovada em análises de especialistas que acabam por fundir considerações *in bello* e *ad bellum* em seus pareceres sobre os conflitos armados da atualidade" (tradução livre). (BENVENISTI, Eyal. "Rethinking the Divide Between Jus ad Bellum and Jus in Bello in Warfare Against Nonstate Actors", *Yale J. Int'l L.*, v. 34, pp. 541-5, 2009. Disponível em: <https://digitalcommons.law.yale.edu/yjil/vol34/iss2/1>. Acesso em: 20 jun. 2020.)

[3] CASELLA, Paulo Borba. *Direito internacional no tempo antigo*. São Paulo: Atlas, 2012, p. 464.

[4] KELSEN, Hans. *Princípios do direito internacional*. Trad. Ulrich Dressel e Gilmar Antonio Bedin. Ijuí: Unijuí, 2010, p. 29.

[5] "A colocação do adjetivo 'Público' desenvolveu-se nos países de língua latina, a fim de distinguir do Direito Internacional Privado. O acrescentar do adjetivo 'público' à expressão DI vem do século XVIII, mas só foi consagrada em meados do século XIX. Tal fenômeno não ocorre nos países de língua anglo-saxã: na Inglaterra e nos Estados Unidos usa-se 'International Law' para o DI Público e 'Conflicts of Law' para o DI Privado, e na Alemanha, 'Volkerrecht' (Direito das Gentes) para o DI

seja, o conceito mais atual da doutrina. No decorrer do livro, espera-se demonstrar gradativamente as mudanças de designação decorrentes de diferentes propostas doutrinárias mais relevantes.

A princípio, com o intuito de melhor sistematizar o estudo da ciência do Direito, a doutrina aponta a divisão entre Direito Interno e Direito Internacional. Ambos os corpos normativos são compostos por regras e princípios, mas, enquanto o Direito Interno é responsável por reger as relações jurídicas dentro de um ordenamento jurídico nacional[6], o Direito Internacional rege, no âmbito internacional, os direitos e deveres dos Estados, de certas organizações interestatais e dos indivíduos[7].

Nota-se que essa definição do DIP é atual e bastante abrangente quando comparada à visão doutrinária clássica, segundo a qual o DIP seria o conjunto de regras e princípios destinado a regular exclusivamente as relações entre seus sujeitos de direito originários: os Estados.

A expressão Direito Internacional Público, hoje consagrada como a nomenclatura da disciplina, é relativamente recente e oriunda da expressão "*international law*", cunhada por Jeremy Bentham no livro *An Introduction to the Principles of Morals and Legislation* (Introdução aos princípios da moral e da legislação) (1780), em oposição aos termos "*national law*" ou "*municipal law*"[8].

Público e 'Privat Internationales Recht' para o DI Privado. A denominação de Direito Internacional Público encontrou acolhida na maioria das línguas latinas: Droit International Public, Diritto Internazionale Publico, Derecho Internacional Público e Direito Internacional Público." (MELLO, Celso Duvivier de Albuquerque. *Curso de direito internacional público*. 13ª ed. Rio de Janeiro: Renovar, 2001, v. 1, pp. 68-9.)

[6] ACCIOLY, Hildebrando; SILVA, Geraldo Eulálio do Nascimento e CASELLA, Paulo Borba. *Manual de direito internacional público*. 17ª ed. São Paulo: Saraiva, 2009, p. 9.

[7] ACCIOLY, Hildebrando. *Tratado de direito internacional público*. 3ª ed. São Paulo: Quartier Latin, 2009, v. 1, p. 27.

[8] "XXV. In the second place, with regard to the political quality of the persons whose conduct is the object of law. *These may, on any given occasion, be considered*

Fica claro que o jurista tinha por intenção fornecer uma denominação mais precisa para a expressão *"law of nations"*, haja vista que na língua francesa e em outras línguas latinas a palavra "nação" não é necessariamente sinônima de "Estado" ou "país", como ocorre na língua inglesa[9]. Também importa observar que Bentham buscou enfatizar o uso do prefixo *"inter"*, no intuito de assinalar a aplicação do Direito "entre" os sujeitos.

Foi somente na tradução francesa da obra citada de Bentham, feita por Étienne Dumont e publicada na Suíça em 1802, que o qualificativo "público" fora acrescentado a "Direito Internacional", no firme propósito de distinguir o DIP do *"conflict of laws"*, como é chamado o Direito Internacional Privado nos países de língua anglo-saxã[10].

Apenas a título de esclarecimento, cumpre definir o Direito Internacional Privado como o corpo de normas que regula as relações entre particulares na presença de elementos estrangeiros, por exemplo a nacionalidade ou a residência habitual dos sujeitos, tendo majoritariamente por matriz as normas internas de

---

either as members of the same state, or as members of different states: in the fisrt case, the law may be referred to the head of internal, in the second case, to that of international jurisprudence. Now as to any transactions which may take place between individuals who are subjects of different states, these are regulated by internal laws, and decided upon by the internal tribunals, of the one or the other of those states: the case is the same where the sovereign of the one has any immediate transactions with a private member of the other: the sovereign reducing himself, pro re nata, to the condition of a private person, as often as he submits his cause to either tribunal; whether by claiming a benefit, or defending himself against a burthen. There remain then the mutual transactions between sovereigns, as such, for the subject of that branch of jurisprudence which may be properly and exclusively termed international. It is evident enough, that international jurisprudence may, as well as internal, be censorial as well as expository, unauthoritative as well as authoritative." (BENTHAM, Jeremy. *An Introduction to the Principles of Morals and Legislation*. New York: Dover, 2007, pp. 326-8, grifos nossos.)

[9] ACCIOLY, Hildebrando; SILVA, Geraldo Eulálio do Nascimento e CASELLA, Paulo Borba, *op. cit.*, p. 14.

[10] *Id., ibid.*, p. 15.

determinado ordenamento jurídico. Em contrapartida, o Direito Internacional Público tem matriz exclusivamente internacional e visa regulamentar as relações entre os sujeitos de Direito Internacional – primordialmente os Estados –, mas também as organizações internacionais e os indivíduos.

Logo, como é sabido, a distinção binária entre Direito Internacional Público e Direito Internacional Privado prevalece até a atualidade nos programas das instituições de ensino, também com forte apoio da divisão utilizada nos prestigiosos cursos ministrados pela Academia de Direito Internacional de Haia[11]. No Brasil, por uma questão de costume, consagrou-se a designação completa para Direito Internacional Privado, ao passo que a expressão "Direito Internacional", desacompanhada do qualificativo, refere-se ao Direito Internacional Público[12].

Em retrospectiva, até o aparecimento do livro de Bentham, o que hoje se compreende por Direito Internacional Público era denominado pela doutrina como "direito das gentes" ou *law of nations*, como já mencionado. Pode-se dizer que o "direito das gentes" em um primeiro momento consistia na tradução literal

---

[11] Desde sua criação em 1923, custeada pela Carnegie Foundation, de Washington, a Academia de Direito Internacional de Haia ocupa instalações anexas ao Palácio da Paz, imediatamente ao lado de duas das mais importantes instituições judiciárias internacionais: a Corte Internacional de Justiça e a Corte Permanente de Arbitragem Internacional. É um centro de pesquisa e ensino de Direito Internacional Público e de Direito Internacional Privado para o aperfeiçoamento e o desenvolvimento de estudos avançados sobre aspectos jurídicos das relações internacionais. Essa missão, alinhada por seus fundadores com a corrente de pensamento "paz através do Direito", mantém-se relevante até hoje; para cumpri-la, a Academia logrou sucesso tanto em preservar as tradições oriundas das Conferências de Paz de Haia, de 1899 e 1907, quanto em adaptar-se às mais recentes necessidades de um mundo que passa por profundas modificações. Para maiores informações sobre a história e a atualidade da Academia de Direito Internacional de Haia, conferir o site da instituição. Disponível em: <http://www.hagueacademy.nl/?history>. Acesso em: 20 jun. 2020.

[12] Assim, quando esta obra utilizar o termo "Direito Internacional", estará fazendo referência ao Direito Internacional Público.

do *jus gentium*¹³ romano. No que diz respeito ao *jus gentium*, assevera Guido Fernando Silva Soares:

> Tratava-se de um corpo de normas que regulava, no interior do Império Romano, os direitos dos indivíduos (como a personalidade, as capacidades), seus relacionamentos interpessoais (como família e as sucessões, os contratos e os efeitos dos atos lícitos e ilícitos), alguns aspectos de direito criminal e, sobretudo, as normas sobre a atividade de produzir a norma jurídica (a jurisdictio, devendo destacar-se a existência e a atuação de um magistrado especializado em questões que envolvessem um estrangeiro: o *praetor peregrini*). [...] *jus gentium* espraiou-se pelos povos conquistados, que bem o aceitaram, por suas qualidades de maior precisão e perfeição, em relação aos direitos costumeiros locais e tradicionais, ou bem tiveram que aceitá-lo, na condição de povos subjugados [...].¹⁴

Como pode-se depreender da leitura do trecho em destaque, originariamente o *jus gentium* foi um corpo de regras do Direito Romano, de matriz interna, aplicado aos estrangeiros, enquanto o *jus civile* era aplicado aos cidadãos romanos. Contudo, como veremos mais adiante, a denominação *jus gentium* foi retomada e passou a ser utilizada como o conjunto de normas que regula as relações entre Estados independentes¹⁵.

---

[13] "*Jus gentium* (of Roman law) had its origins in private law, having subsequently entered also the realm of the *conceptual universe of the law of nations*. It originally consisted of common principles governing legal relations in general. *Gradually the concept of jus gentium was enlarged, so as to encompass what came to be know as the general principles of law* [...]." (TRINDADE, Antônio Augusto Cançado. *International Law for Humankind*: towards a New *Jus Gentium*. Leiden: Martinus Nijhoff, 2010, p. 9, grifos nossos.)

[14] SOARES, Guido Fernando Silva. *Curso de direito internacional público*. São Paulo: Atlas, 2002, p. 24, grifos nossos.

[15] CASELLA, Paulo Borba. *Direito internacional no tempo antigo*, op. cit., p. 442.

Por fim, insta dizer que a utilização da expressão *jus gentium* designava um "direito comum a todos os homens"[16], tendo sido por diversas vezes atrelada ao "direito natural", corrente jusfilosófica que preconiza a existência de direitos inatos dos indivíduos e dos povos, anteriores mesmo à positivação pelas leis humanas. Nesse exato sentido, podemos mencionar os ensinamentos de Isidoro de Sevilha em sua obra *Etimologias*[17] já em 633 d.C., na qual afirmou: "A lei natural é comum a todas as nações"[18].

A partir da fase final do Império Romano, o "direito das gentes" foi ganhando novos contornos à luz da doutrina cristã, destacando-se nesse contexto a escolástica de Santo Agostinho e de São Tomás de Aquino, assim como será explorado mais adiante pela presente obra[19].

Ato contínuo, no século XVI, a fórmula *"jus inter gentes"* foi adotada por Francisco de Vitória, substituindo o vocábulo latino

---

[16] "Durante muitos séculos o termo *jus gentium* foi empregado ao lado do direito natural (*jus naturale*) para designar um direito comum a todos os homens (*quod naturalis ratio inter omnes homines constituit*)." (RANGEL, Vicente Marotta. "Prefácio". In: VATTEL, Emmerich. *O direito das gentes ou Princípios da lei natural aplicados à condução e aos negócios das nações e dos governantes*. Trad. Ciro Mioranza. Ijuí: Unijuí, 2008, p. XLVIII.)

[17] "[...] espécie de enciclopédia, a qual resume o conjunto dos conhecimentos de seu tempo, compulsando extensamente fontes antigas. *Estas serviram, ao lado de AGOSTINHO, como uma das bases para a atividade intelectual, no Ocidente, durante cerca de mil anos* [...]." (*Id., ibid.*, p. 460, grifos nossos.)

[18] MORRIS, Clarence (Org.). *Os grandes filósofos do direito*. Trad. Reinaldo Guarany. São Paulo: Martins Fontes, 2002, p. 61.

[19] "[...] Thomas Aquinas (1225-1274) did consider the concept of *jus gentium* in his *Summa Theologica*. *In his view*, jus gentium *did not need the authority of the legislator, as it was apprehended by natural reason itself (being thus more perfect than positive law), disclosing awareness of the temporal dimension and being endowed with a universal validity*. [...] The precepts of *jus gentium*, in Aquina's view, were universally valid and fulfilled natural necessities of human life; they reflected a kind of human self-understanding [...]." (TRINDADE, Antônio Augusto Cançado, *International Law for Humankind, op. cit.*, p. 12, grifos nossos.)

"*homines*" por "*gentes*"[20]. Em 1650, a expressão "*inter gentes*" foi reafirmada pelo célebre jurista inglês Richard Zouch[21].

Fato é que a expressão "direito das gentes" evoca um sentido muito mais amplo do que o trazido pelo *jus gentium* romano, à medida que revela a noção de um direito comum a todas "as gentes", independentemente da exigência de pertencimento a uma coletividade organizada.

Uma amostra dessa abordagem mais ampla da expressão "direito das gentes" pode ser facilmente percebida no conceito enunciado por Montesquieu em *Do espírito das leis* (1748), no qual o autor afirma que "considerados como habitantes de um planeta tão grande, a ponto de ser necessário que nele existam diferentes povos, existem leis nas relações que esses povos mantêm uns para com os outros: o direito das gentes"[22].

Ainda no tocante à questão terminológica, outras nomenclaturas foram propostas para a disciplina, a saber: "direito público externo" (Hegel); "direito interpúblico" (Retortillo); "direito social universal" (Zeballos); "*droit entre les gens*" (D'Aguesseau); "*droit public international*" (A. Mérignac); "*droit public de l'Europe*" (Mably); "*jus interpotestates*" (Taube); e, por fim, "*Staaten rech*" ou "*jus publicum civitatum*" (Kant)[23].

---

[20] "[...] when the dichotomy *jus gentium/jus inter gentes* emerged, the international legal order had not yet displayed a strictly inter-State dimension. The roots of the distinction between *jus gentium* and *jus inter gentes* can be found as early as in the writings of the founding fathers of the discipline in the XVIth and XVIIth centuries, but by then two notions referred to an emerging law of nations comprising also people and individuals. [...] *The historical transformation of* jus gentium into jus inter gentes – *this latter primarily concerned with ensuring the co-existence and co-ordination of its subjects* – was also prompted by the absence or lack of an international legislature and an international judiciary, wich only in recent decades began to take shape [...]." (*Id., ibid.*, p. 14, grifos nossos.)
[21] MELLO, Celso Duvivier de Albuquerque, *op. cit.*, p. 155.
[22] MONTESQUIEU, Charles-Louis de Sécondat. *Do espírito das leis.* Trad. Jean Melville. São Paulo: Martin Claret, 2002, p. 21.
[23] MELLO, Celso Duvivier de Albuquerque, *op. cit.*, p. 69.

Devido à relevância de seu projeto de paz perpétua, importante mencionar a sugestão proposta por Immanuel Kant na obra *Doutrina do direito*, que consistia na substituição da designação "direito das gentes" por "direito público dos Estados" (*jus publicum civitatum*). Segundo Kant:

> [...] O direito das cidades ou dos Estados na relação entre si, direito que se chama bastante impropriamente de *direito dos povos* ou *de gentes* e que deveria, na verdade, se chamar direito público dos Estados (*jus publicum civitatum*), é agora o que temos que examinar sob o nome de direito de gentes.[24]

Igualmente dignas de nota são as expressões suscitadas por Philip Caryl Jessup e John Rawls. O primeiro propôs, em 1956, o termo "direito transnacional" (*transnational law*), com o objetivo de abranger todos os princípios que regem os fatos que ultrapassem as fronteiras estatais. Em adição, sustentou que a designação incluiria tanto o direito público quanto o privado, constituindo um novo ramo híbrido do Direito[25].

Em 1999, John Rawls publicou *O direito dos povos* e logo na introdução explicou que tal designação objetivava uma concepção política particular do Direito e da justiça, com raízes no *jus gentium* romano, e que a expressão latina *"jus gentium intra"* referia-se aos direitos que todos os povos possuem em comum[26].

Como foi possível perceber, cada uma dessas denominações busca enfatizar importantes aspectos do grau de internacionalidade das relações entre as nações, sendo, contudo, inquestionável

---

[24] KANT, Immanuel. *Doutrina do direito*. Trad. Edson Bini. 2ª ed. São Paulo: Ícone, 1993, p. 191.
[25] MELLO, Celso Duvivier de Albuquerque, *op. cit.*, p. 70.
[26] RAWLS, John. *O direito dos povos*. Trad. Luís Carlos Borges. 2ª ed. São Paulo: Martins Fontes, 2004, p. 3.

que o termo "Direito Internacional Público" integrou-se de forma mais sedimentada à teoria e à prática internacionais, o que fez com que as outras construções terminológicas – a exemplo do "Direito Interestatal" – não lograssem o mesmo êxito.

Superada a questão terminológica, procede-se ao exame cronológico de alguns dos principais institutos e teorias do DIP que colaboraram para a formação do arcabouço teórico dos "projetos de paz perpétua".

1.1. Antecedentes teóricos do Direito Internacional

Precipuamente, cumpre dizer que a história do Direito Internacional deve ser concebida como a de um fenômeno social específico, e que, apesar de estreitamente conexa à história geral, os períodos de ambas não necessariamente coincidem[27].

Apesar disso, durante séculos, a história do Direito Internacional confundiu-se com a história europeia[28], a exemplo da "Paz de Vestfália"[29] (1648) que deu origem ao Estado Moderno, tornando-se o vertedouro das doutrinas basilares da disciplina sob a ótica de ciência jurídica contemporânea.

Para os espectros do presente estudo sobre a tradição dos "projetos de paz perpétua" no pensamento ocidental, elegeu-se como norte o pensamento ocidental, partindo-se do corte meto-

---

[27] DINH, Nguyen Quoc; DAILLIER, Patrick e PELLET, Alain. *Direito internacional público*. Trad. Vítor Marques Coelho. 2ª ed. Lisboa: Calouste Gulbenkian, 2003, p. 43.
[28] *Id., ibid.*, p. 39.
[29] "[...] *Vestfália (1648) pode ser escolhido como referência e ponto fundamental de instauração do que viria a ser sistema 'moderno' de equilíbrio de poder entre as potências da época na Europa, ao mesmo tempo que se pode mostrar como este marco se inscreve em contexto de continuidade histórica, e perde sentido se for destacado e se achar desvinculado do tempo e do contexto no qual foi encetado. O fracionamento político obrigou à institucionalização das regras de convivência entre as unidades [...]*". (CASELLA, Paulo Borba. *Direito internacional no tempo antigo*, op. cit., 2012, p. 62, grifos nossos.)

dológico que tem como eixo territorial o continente europeu e como enfoque cronológico a Idade Moderna.

Realizadas essas ressalvas, o Direito Internacional, arcabouço teórico dos projetos de paz perpétua, encontra suas bases em períodos longínquos, motivo pelo qual serão explicitados alguns dos principais institutos e correntes filosóficas intrínsecos à evolução da disciplina.

Já na Antiguidade, existiam documentos que corroboravam a existência de um Direito Internacional em formação, composto por normas de natureza consuetudinária (costumes) e convencional (tratados) que objetivavam regulamentar a interação entre povos e culturas.

Exemplos célebres de documentos de um DIP em formação foram: (i) o tratado celebrado pelo rei Eannatum (aproximadamente 2500 a.c.), que discutia as fronteiras entre os reinos de Lagash e de Umma, cidades-estado da Mesopotâmia, inclusive com a designação de um árbitro – o rei Misilim, de Hish – para dirimir eventuais conflitos; (ii) o livro chinês *I Ching* (aproximadamente 2500 a.C.), que continha uma ampla narrativa de costumes considerados obrigatórios na relação entre dinastias da época; (iii) o tratado estabelecido entre o faraó egípcio Ramsés II e o rei dos Hititas, Hattisuli III, em matéria de extradição (1259 a.C.); e (iv) o *Talmud* babilônico e o *Código de Manu*[30] (século II a.C.), codificações do Direito vigente à época, que versavam sobre a relação com outros povos[31].

---

[30] "Por exemplo, no *Código de Manu*, escrito em 200 a.c., encontram-se regras relacionadas a comportamento em combate. O código declarou que armas farpadas ou envenenadas eram proibidas, que soldados feridos deveriam ser tratados e que combatentes que se rendiam deveriam ser poupados." (BOUVIER, Antoine A. *Direito internacional humanitário e direito dos conflitos armados*. Williamsburg: Instituto para Treinamento em Operações de Paz, 2011, p. 4.)

[31] ARIOSI, Mariângela. *Conflitos entre tratados internacionais e leis internas*: o ju-

No tocante ao grau de sofisticação dos institutos jurídicos que podem ser analisados à luz de uma "internacionalidade inerente", ênfase deve ser dada a duas civilizações da Antiguidade cuja repercussão das análises filosóficas e políticas encontra paralelos em quase todos os períodos subsequentes: as civilizações grega e romana.

A Grécia Antiga representou um dado excepcional para o Direito Internacional, uma vez que o seu legado filosófico, científico e político para a humanidade reverbera inclusive na atualidade. Especial destaque deve ser dado à filosofia grega, diante da contribuição ímpar do conceito de "direito natural" elaborado pela "Escola Estoica"[32] de Zenão de Cítio (século III a.C.), que propagava a necessidade de um conjunto de normas de pertinência universal cuja fonte era a natureza[33].

Dentro da temática da paz, outro exemplo de herança grega que influenciou todo o pensamento ocidental é a ideia de cosmo-

---

diciário brasileiro e a nova ordem internacional. Rio de Janeiro: Renovar, 2000, pp. 44-5.

[32] "A ética estoica caminha no sentido de postular a independência do homem com relação a tudo o que o cerca, mas, *ao mesmo tempo, no sentido de afirmar seu profundo atrelamento com causas e regularidades universais*. A preocupação com o conceito de dever (kathékon) irrompe com uma série de consequências histórico-filosóficas que haveriam de marcar nuances anteriormente existentes. Razão, dever, felicidade, sabedoria e autonomia relacionam-se com proximidade [...]." (BITTAR, Eduardo C. B. e ALMEIDA, Guilherme Assis de. *Curso de filosofia do direito*. 8ª ed. São Paulo: Atlas, 2010, p. 173, grifos nossos.)

[33] "Eram normas racionais e lógicas; e, como os preceitos da 'lei da natureza' estavam arraigados na inteligência humana, seguia-se daí que *tais normas não poderiam ser restritas a uma nação ou a um grupo determinado, mas aplicavam-se ao mundo inteiro*. Esse elemento de universalidade é fundamental para as doutrinas modernas do direito internacional, e a elevação estoica da faculdade humana de dedução lógica ao pináculo supremo da descoberta do direito natural prefigura as filosofias racionalistas do Ocidente. Além de ser um conceito fundamental da teoria do direito, *o direito natural é essencial para a compreensão do direito internacional, e é também um precursor indispensável do atual interesse pelos direitos humanos*." (SHAW, Malcom N., *Direito internacional*. São Paulo: Martins Fontes, 2010, p. 15, grifos nossos.)

Figura II. *La Stèle de Vautours* (*Estela dos Abutres*). Monumento encomendado por Eannatum, rei de Lagash. O texto narra sua vitória sobre a cidade vizinha de Umma. © 1995 RMN-Grand Palais (musée du Louvre) / Hervé Lewandowski.

politismo, segundo a qual todos os seres humanos pertencem a uma comunidade mundial, sem prejuízo de seus vínculos políticos e culturais locais[34].

A despeito dessa ímpar contribuição grega que encontra ecos no cosmopolitismo contemporâneo, existia um relacionamento de profunda hostilidade entre os gregos e outros povos, então denominados bárbaros[35]. Dessa hostilidade quase perene surgiu um

---

[34] BECK, Ulrich. *The Cosmopolitan Vision*. Trad. Ciaran Cronin. Cambridge: Polity Press, 2006, pp. 1-5.

[35] "[...] *Em todos os períodos da civilização grega, imperava o entendimento de que a guerra seria o estado normal das relações entre os povos, entrecortadas por breves*

"direito da guerra" grego, considerado extremamente severo com o "inimigo". Nesse contexto, o estado de paz associava-se necessariamente à existência de um pacto prévio entre os povos, com prazo determinado.

Com o decorrer do tempo, foram sendo estabelecidas regras no sentido de atenuar o rigor da guerra ou de discipliná-la[36], haja vista o programa de humanização da guerra entre as cidades gregas apresentado por Platão em sua obra *A República*, conforme demonstra o pequeno trecho do diálogo entre Polemarco e Sócrates:

> – Sendo Gregos, não devastarão a Grécia, nem incendiarão as casas, nem proclamarão seus inimigos todos os habitantes de cada cidade, homens, mulheres e crianças, mas aos poucos adversários causadores da discórdia. E, por todos estes motivos, nem quererão devastar o território deles, pensando que a maior parte dos habitantes são seus amigos, nem arrasar as habitações, e manterão a sua dissensão até os culpados serem forçados, pelos inocentes que sofrem, a expiar a sua culpa.
> – Eu, pela minha parte, concordo que é assim que os nossos cidadãos devem comportar-se com os seus adversários. Com os bárbaros, devem proceder como atualmente os Helenos uns contra os outros [...].[37]

É imperioso notar que o mundo grego conheceu e praticou o que hoje são considerados institutos contemporâneos do Direito Internacional, entre os quais se destacam: os tratados, a arbitra-

---

períodos de paz, o que explica em parte, a educação da juventude, bastante centrada nos valores militares [...]." (SOARES, Guido Fernando Silva, *op. cit.*, p. 23, grifos nossos.)

[36] Por exemplo, em Atenas, o juiz dos estrangeiros recebia o nome de "*polemarca*" e era encarregado dos assuntos bélicos e de todas as relações com os inimigos, assim como também eram denominados os estrangeiros.

[37] PLATÃO. *A República*. Trad. Pietro Nassetti. São Paulo: Martin Claret, 2003, livro V, 471 a-e, pp. 167-8, grifos nossos.

gem como meio de solução de litígios, o princípio da necessidade da declaração de guerra, o direito de asilo e a inviolabilidade dos embaixadores[38].

No tocante à Roma Antiga, importa salientar a capacidade extraordinária da civilização romana de sistematizar o seu Direito em graus específicos de complexidade, muito superiores aos das demais civilizações da época. A contribuição jurídica romana apresenta uma acentuada particularidade quanto ao elemento de internacionalidade, tendo tratado a relação para com o estrangeiro individualmente e também para com os outros povos por meio de instituições do seu Direito Interno[39].

Nesse exato sentido, citam-se os "sacerdotes feciais" que, desde os tempos da monarquia, deveriam ser obrigatoriamente consultados antes do início de uma guerra ou da celebração da paz. A existência dessas consultas e dos complicados procedimentos para a declaração de guerra encontra razão no propósito de congregar a opinião pública perante a latência da guerra.

Por conseguinte, o *jus fetiale* foi originalmente um corpo de normas de caráter consuetudinário que continha inegáveis elementos internacionais, em especial a diferença entre guerra justa e injusta[40]. Esse corpo normativo existiu na antiga Roma até o fi-

---

[38] ACCIOLY, Hildebrando, *op. cit.*, p. 85.
[39] TRUYOL Y SERRA, Antonio. *História do direito internacional público*. Trad. Henrique Barrilaro Ruas. Lisboa: Instituto Superior de Novas Profissões, 1996, p. 28 (Col. Estudos Gerais).
[40] "[…] O direito fecial é de natureza religiosa. Para compreendermos por que se destina a reger as relações internacionais, devemos lembrar que Roma as coloca sob o signo da religião a fim de merecer a proteção divina nas suas relações com os estrangeiros. A aplicação e a interpretação deste direito estão mesmo confiadas a religiosos, sacerdotes feciais, que são, ao mesmo tempo, verdadeiros embaixadores romanos. Gozam nesta qualidade de inviolabilidade. Atentar contra as suas pessoas é ofender os deuses. O direito fecial também estabeleceu a distinção entre guerra justa e guerra injusta […]." (DINH, Nguyen Quoc; DAILLIER, Patrick e PELLET, Alain, *op. cit.*, p. 48.)

nal da era republicana. Os *fetiali* eram corporações de sacerdotes que contavam com uma série de competências, dentre elas decidir sobre o início de uma guerra, sendo vedado aos detentores do poder político em Roma fazê-lo sem sua autorização prévia[41].

Entre o fim da República e o princípio do Império, com a expansão territorial e o contato com os outros povos, a presença constante de estrangeiros em Roma exigiu a elaboração de um corpo de normas que viesse preencher lacunas jurídicas para os "não romanos", surgindo assim o *jus gentium*.

Como ramo também pertencente ao Direito Romano interno, o *jus gentium* diferenciou-se exponencialmente do direito aplicável aos cidadãos romanos, chamado de *jus civile*. Exemplo disso é a própria estrutura judiciária diversa destinada aos casos de *jus gentium*, que contava com a atuação do *praetor peregrinus* (magistrado dos estrangeiros). Outra característica era a maior flexibilidade em sua aplicação, em detrimento do rigoroso formalismo do *jus civile*.

Na Roma Antiga, a cidadania, tão discutida hodiernamente, era concedida ao indivíduo unicamente em razão do seu pertencimento a determinada *gens* romana, o que também era o pressuposto da liberdade dele, elemento essencial à concepção de cidadania no pensamento romano[42]. À época, todo homem livre era cidadão da sua cidade natal[43].

---

[41] DINSTEIN, Yoram. *Guerra, agressão e legítima defesa*. 3ª ed. Barueri: Manole, 2004, pp. 87-8.

[42] DAL RI JUNIOR, Arno. "Evolução histórica e fundamentos político-jurídicos da cidadania". In: DAL RI JUNIOR, Arno e OLIVEIRA, Odete Maria de (Orgs.). *Cidadania e nacionalidade*: efeitos, perspectivas, nacionais, regionais, globais. 2ª ed. Ijuí: Unijuí, 2003, p. 30.

[43] "A utilização deste instituto vem apresentada com muita clareza pela história do cidadão romano Saulo de Tarso, mais conhecido no ocidente como São Paulo. Em alguns versículos do livro *Atos dos Apóstolos*, Lucas conta como, em várias ocasiões, São Paulo conseguiu impor sua liberdade de cidadão romano, limitando, e às vezes, até impedindo, a ação das autoridades romanas que perseguem os cristãos. *O grito*

Cabe esclarecer que a cidadania romana não contemplava as crianças, os escravos, os apátridas e os estrangeiros, motivo pelo qual sofriam grandes limitações à sua capacidade de ter e exercer direitos, embora aos "estrangeiros" fosse reconhecida a validade de seus ordenamentos e institutos jurídicos de origem, como no caso do reconhecimento de testamento deixado por *peregrinus* (estrangeiro).

Outro aspecto relevante do *jus gentium* romano é a universalidade. Esse caráter universal deve-se muito à retomada do pensamento estoico grego por Marcus Tullius Cícero (106-43 a.c.), em sua clássica formulação segundo a qual a lei fundada na natureza ordena o que se deve fazer e proíbe o contrário (*Lex est ratio summa insita in natura, quae iubet ea, quae facienda sunt prohibetque que contraria*)[44]. Posteriormente essa formulação foi aplicada ao próprio *jus gentium*, motivo pelo qual os termos "direito natural" e *jus gentium* foram, por séculos, empregados como sinônimos. De acordo com Cícero:

> Assim, para definir o Direito, o ponto de partida será aquela Lei suprema que pertence a todos os tempos e já estava em vigor quando não existia lei escrita, *nem Estado constituído*. [...] Buscarei a raiz do Direito na Natureza, que será nossa mestra e guia no curso desta discussão [...]. *Logo, devemos reconhecer que nosso universo é uma comunidade única, constituída pelos deuses e pelos homens.*[45]

Civis Romanus Sum, *tantas vezes utilizado por São Paulo, é a afirmação desesperada de um direito perante a autoridade romana, materializado na forma de um forte sistema de garantias jurisdicionais e de proteção à pessoa.*" (DAL RI JUNIOR, Arno, op. cit., p. 38, grifos nossos.)

[44] VALENTE, Pe. Milton S. J. *A ética estoica em Cícero.* Caxias do Sul: Educs, 1984, p. 465, *apud* CÍCERO, Marco Túlio. *Tratado das leis.* Trad. Marino Kury. Caxias do Sul: Educs, 2004.

[45] CÍCERO, Marco Túlio. *Tratado das leis, op. cit.*, pp. 48-50, grifos nossos.

Dentro da visão ciceroniana, a guerra nunca poderia ser de agressão, ganância ou vaidade imperial[46], motivo pelo qual só se justificaria quando a paz não pudesse ser alcançada de outro modo. Nesse diapasão, podemos compreender a relação dos romanos com a guerra, que, em um primeiro momento, era exercida unicamente como resposta a ofensas praticadas por outros povos, com vista a defender as províncias do Império.

Remonta-se a essa mesma época o desenvolvimento dos conceitos de "guerra justa", cooperação e hospitalidade por meio de tratados que poderiam ser de três espécies: de amizade (*amicitia*), de hospitalidade (*hospitium* ou *hospitium publicus*) e de aliança (*foedus*).

O tratado de amizade conferia ao estrangeiro a garantia de vida e de inviolabilidade de seus bens, em contrapartida, era vedado a ele contrair obrigação de não auxiliar os inimigos de Roma.

O tratado de hospitalidade tinha natureza mais ampla do que o de amizade, pois estipulava de um modo geral uma espécie de "hospitalidade pública" para com os estrangeiros e a recíproca tutela jurídica nas suas relações de direito privado[47].

Por fim, os tratados de aliança dividiam-se em duas categorias[48]: o *foedus aequum*, tratado de aliança defensiva que incluía deveres de assistência mútua, e o *foedus iniquum*, que impunha obrigações unilaterais à outra parte, como o dever de apoiar Roma em caso de ofensiva contra outra cidade[49].

---

[46] CASELLA, Paulo Borba. *Direito internacional no tempo antigo*, op. cit., p. 325.
[47] MELLO, Celso Duvivier de Albuquerque, *op. cit.*, pp. 155-6.
[48] Essa nomenclatura dos tratados romanos tem origem no caráter inerente da religiosidade dos atos jurídicos romanos, pois, para terem validade, os tratados deveriam necessariamente emanar de um ato religioso.
[49] TRUYOL Y SERRA, Antonio, *op. cit.*, p. 30.

O conceito de guerra justa foi mencionado pela primeira vez nos "Atos do Divino Augusto" (*Res gestae divi Augusti* – 14 a.c.), elaborados pelo Imperador Augusto em latim e em grego. Esses atos tinham por objetivo consolidar o Império e promover a ampliação de suas fronteiras, "sem travar guerra injusta com qualquer tribo"[50]. É justamente nesse contexto que a *pax romana* é inserida, ao tentar estabelecer de forma pioneira uma relação pacífica entre os povos subjugados pelo Império Romano: a *communitas christiana*[51].

Outra característica marcante da civilização romana que deve ser destacada é a receptividade, bem como a assimilação de valores de outras culturas, o que pode ser facilmente notado com relação à cultura grega, assimilada pelos romanos em quase todas as suas nuances, em especial na seara da filosofia, da poesia e do teatro.

O início da Idade Média marcou o fim do domínio romano sobre o Mar Mediterrâneo (*mare nostrum romano*) e o deslocamento do eixo da vida para o norte, o que ocasionou o fracionamento da unidade indissolúvel do Império Romano, levando à instauração do feudalismo, modo de organização social e política característico do medievo.

Vale frisar que toda análise sobre a Idade Média no Ocidente deve ser realizada sob a ótica da continuidade dos períodos históricos, em especial de uma herança cristã oriunda do último pe-

---

[50] *Id.*, *ibid.*, p. 317.
[51] "La pérdida de las virtudes cívicas que caracterizaran al pueblo romano a impulses del despotismo imperial; el abandono y la molicie que hubieron de caracterizarlo y lo llevaron a abandonar su defensa en mercenarios extranjeros, provocaron la destrucción del poderoso estado romano y la invasión por parte de los bárbaros y ocupación por parte de éstos, de los territorios que habían constituido su dominio. *Con la desaparición del Imperio Romano de Occidente a manos de los bárbaros retornó la lucha entre pueblos.*" (UGARTE, José Manuel. *Los Conceptos Jurídicos e Políticos de la Seguridad y la Defensa*. Buenos Aires: Plus Ultra, 2003, p. 19, grifos nossos.)

ríodo do Império Romano que concebeu uma única religião organizada e incorporada na figura da Igreja Católica. Apenas a partir dessa visão é possível compreender a existência de certos institutos jurídicos e correntes doutrinárias de cunho teológico[52], cruciais para o contínuo desenvolvimento do Direito Internacional e também para a investigação da paz na modernidade.

Partindo-se dessa premissa, recebeu a denominação de *Respublica Christiana* o corpo social hierárquico sob a direção do Papa (*imperium christianum*), em contraposição à estrutura política e social do *imperium mundi* romano, sob a liderança do Imperador de Roma.

Assim, pode-se afirmar que o período medieval se caracterizou pela autoridade suprema da Igreja Católica e pela abrangente estrutura de poder que ela comandava. A Europa inteira professava uma só religião[53], motivo pelo qual o direito eclesiástico teve um forte impacto no Direito Internacional da época.

Como consequência dessa estrutura, a centralização do "poder decisório" recaiu na figura do Papa, chefe espiritual da Cristandade. Insta dizer que decisões papais eram respeitadas como as de um "árbitro supremo e permanente" que intervinha *ex officio* entre as partes em conflito, tendo conseguido estabelecer a paz por diversas vezes.

As intervenções do Papa em litígios entre príncipes, barões ou mesmo entre ordens religiosas, estas detentoras de extensas propriedades rurais, contribuíram para o fomento da prática da

---

[52] "[...] O cristianismo enquanto tal não é uma filosofia. De fato, uma filosofia é constituída pela razão, ao passo que o cristianismo é uma religião revelada. [...] *os temas da fé cristã foram realmente o plano de partida de uma reflexão filosófica original* [...]". (VERGEZ, André e HUISMAN, Denis. *História dos filósofos ilustrada pelos textos*. Trad. Lélia de Almeida Gonzáles. 6ª ed. Rio de Janeiro: Freitas Bastos, 1984, p. 92, grifos nossos.)

[53] SHAW, Malcom N., *Direito internacional, op. cit.*, p. 16.

arbitragem no medievo⁵⁴, do que resultou a preponderância da utilização da arbitragem para a resolução de controvérsias no período⁵⁵, acabando por inspirar os projetos de paz perpétua na eleição do instituto jurídico para a resolução de disputas, como será visto adiante.

Importante dizer que a Igreja era contrária às guerras privadas entre os príncipes feudais, o que contribuiu para a humanização⁵⁶ das guerras medievais, haja vista que algumas condutas consideradas cruéis eram condenadas, como demonstra o movimento pela "Paz de Deus" (fim do século X):

> Os cavaleiros faziam o juramento de respeitá-la. Ela proibia a destruição das colheitas e dos instrumentos agrícolas. Ela impunha o respeito aos camponeses, aos comerciantes, aos peregrinos, às mulheres, aos viajantes e a todos os seus bens. Foram formadas diversas "ligas para a manutenção da Paz" (Poitiers,1000). Este instituto de caráter altamente humanitário tinha também um aspecto eminentemente prático, que era o de evitar o flagelo da fome, tão comum no período medieval.⁵⁷

Outro exemplo da contribuição da Igreja Católica para a humanização da guerra foi a "Trégua de Deus", delineada no Concílio de Elna de 1027, que consistia na interrupção da guerra em determinadas horas, dias da semana e estações do ano, com o intuito de permitir, por exemplo, o cumprimento do "dever dominical".

---

⁵⁴ Observe-se que a arbitragem medieval tinha contornos próprios específicos com natureza de salvaguardas, tais como: o juramento, a ocupação de castelos pelo árbitro e a garantia dada por terceiros.
⁵⁵ SOARES, Guido Fernando Silva, *op. cit.*, p. 26.
⁵⁶ A formação de exércitos permanentes por volta do século XV também ajudou no desenvolvimento de regras práticas relativas à guerra, contribuindo fortemente com a sua humanização.
⁵⁷ MELLO, Celso Duvivier de Albuquerque, *op. cit.*, p. 156.

Por fim, em 1095 o Papa Urbano II apresentou a ideia de "guerra santa" para justificar ações do movimento das Cruzadas contra povos pagãos e acabou por reunir as nações cristãs em torno de um sentimento de solidariedade, que, com o tempo, resultou no surgimento de alguns princípios do Direito Internacional, cujo maior exemplo é a divisão binária entre "direito da guerra" e "direito da paz", além da formulação do conceito de "guerra justa" com base na síntese dos postulados religiosos com os postulados gregos[58].

Como será possível notar, o legado do cristianismo para o desenvolvimento do arcabouço teórico dos projetos de paz perpétua foi extremamente importante, principalmente no tocante à ideia de universalidade com base na unidade do gênero humano[59].

Ainda sob essa perspectiva, as bases jurídicas da *Respublica Christiana* são recuperadas na obra *A cidade de Deus* (*De Civitate Dei*) de Santo Agostinho[60], que trouxe uma nova forma de conceber a humanidade por meio de sua concepção universal de mundo, de viés cosmopolita.

Esse ideal cosmopolita tem por base a comunhão fraterna dos fiéis que se realiza na "Igreja vivente em Cristo". Importante observar que, em um momento de grande fragmentação política, foi a teoria agostiniana que criou um vínculo entre as diversidades humanas na Idade Média[61].

---

[58] BITTAR, Eduardo C. B. e ALMEIDA, Guilherme Assis de, *op. cit.*, p. 208.
[59] TRUYOL Y SERRA, Antonio, *op. cit.*, p. 37.
[60] Agostinho Aurélio (354-430) foi teólogo e filósofo, e é considerado um dos pais da Igreja Católica Apostólica Romana. Por influência de Santo Ambrósio, converteu-se ao cristianismo, abandonando o maniqueísmo ao qual tinha aderido por nove anos. Após ter trabalhado em uma série de obras sobre o espiritualismo neoplatônico, foi consagrado bispo de Hipona (391 d.C.). Dedicou-se principalmente à discussão de temas teológicos e pastorais, polemizando com movimentos heréticos. Suas principais obras são *A cidade de Deus* e *Confissões*.
[61] DAL RI JUNIOR, Arno, *op. cit.*, p. 40.

Figura III. Facsímile de *De Civitate Dei* (*A cidade de Deus*), de Santo Agostinho / Arquivos do Castelo de Praga.
Foto © Zdenek Kratochvil.

Todavia, há de se dizer que Santo Agostinho foi duramente criticado por reforçar a teoria da "guerra justa", haja vista que a Igreja Católica desaprovava o alistamento de seus membros como soldados do Império Romano. Somente quando o catolicismo tornou-se a religião oficial, o alistamento passou a ser, para a Igreja, uma obrigação moral.

Essa mudança de entendimento por parte da Igreja teve por fundamento os escritos de Agostinho, que não obstante ter considerado a guerra um fenômeno lastimável, clamou pela retaliação do adversário através da "guerra justa" (*bellum justum*).

Por último, cabe salientar que alguns fatores, ao final da Idade Média, acabaram por criar um ambiente propício para a concepção de doutrinas e regras que se consolidariam posteriormente nos projetos de paz perpétua, objetos de investigação desta obra.

Dentre esses fatores, encontra-se o movimento das Cruzadas, que fomentou o desenvolvimento do comércio entre o

Oriente e o Ocidente por meio de relações essencialmente marítimas, desembocando no nascimento de um verdadeiro "Direito do Mar", que vigorava tanto em tempos de paz como em tempos de guerra, merecendo menções: as "Leis de Rodes", a "Tábula Amalfitana", as "Leis de Oléron", o "Consolato del Mare" e as "Leges Wisbuenses"[62].

Outro fator que também deve ser levado em consideração é a formação das ligas das cidades comerciais para a proteção do comércio e de seus cidadãos, entre elas a célebre "Liga Hanseática", constituída no fim do século XIII.

Ademais, já na baixa Idade Média, houve também um estímulo à diplomacia, com a criação dos "Ministérios dos Negócios Estrangeiros" e das Embaixadas permanentes, estas últimas oriundas do estabelecimento das legações permanentes, o que à época era uma prerrogativa papal.

Assim, ao final do medievo, o Direito Internacional começou a receber novos contornos, delineados nas obras de alguns juristas e estudiosos dos séculos XVI e XVII, considerados "os precursores" da disciplina, como veremos a seguir.

1.2. Precursores do Direito Internacional: doutrinas clássicas

A presente obra se utiliza do termo "precursores do Direito Internacional" para apresentar os autores que mais colaboraram para o desenvolvimento da disciplina e, por conseguinte, para o arcabouço teórico dos projetos de paz perpétua.

Tais autores, cujo pensamento foi estruturante para a sistematização e autonomia do DIP como campo do saber, também são designados como "fundadores do Direito Internacional", a exem-

---

[62] ACCIOLY, Hildebrando, *op. cit.*, p. 89.

plo da terminologia utilizada na célebre obra coletiva *Les fondateurs du droit international*[63] de 1904.

A seguir, serão apresentados alguns aportes teóricos trazidos pelos precursores do Direito Internacional. Todavia, cabe mencionar tratar-se de autores europeus e majoritariamente católicos, motivos pelos quais suas reflexões sobre as normas de conduta no âmbito internacional tomam emprestadas noções já preestabelecidas na doutrina religiosa, como o polêmico conceito de "guerra justa"[64].

1.2.1. Francisco de Vitória e Francisco Suarez

O primeiro teórico que se destacou como precursor do Direito Internacional como disciplina foi o teólogo neoescolástico Francisco de Vitória (1483-1546), um dos fundadores da relevante "Escola de Salamanca"[65]. A dignidade e os problemas morais da condição humana constituíram o cerne do pensamento de Vitória, o qual foi registrado não somente pelo próprio autor mas também por seus devotos alunos.

Apesar de ser o mais antigo dos pensadores selecionados, seus ensinamentos são considerados extremamente atuais[66]. A maior

---

[63] MELLO, Celso Duvivier de Albuquerque, *op. cit.*, p. 163.
[64] DINSTEIN, Yoram, *op. cit.*, p. 92.
[65] Especialmente no século XVI, a tradicional Universidade de Salamanca, uma das primeiras universidades europeias, foi palco de reflexões acadêmicas inovadoras e fundamentais do que viria a ser o Direito Internacional, até então trabalhado nas cadeiras de teologia e umbilicalmente ligado à moral. Foi o que se convencionou chamar de "Escola de Salamanca", que afirmou o direito natural dos povos indígenas das colônias e defendeu a necessidade de adequação do Direito – tanto canônico quanto temporal – ao direito natural e aos princípios de justiça. Destacam-se, dentro da "Escola de Salamanca", o pensamento de Francisco de Vitória, Domingo de Soto e Francisco Suarez. (TRINDADE, Célio Juliano Barroso. "A teologia jurídica espanhola e a virada ontológica do direito no século XVI: contribuições para o nascimento dos direitos humanos". *Controvérsia*, São Leopoldo, v. 15, n. 2, maio-ago. 2019, p. 8.)
[66] "Francisco de Vitória, cujo papel proeminente na fundação do direito interna-

contribuição de Vitória derivou das análises que fez acerca da conquista da América pela Coroa Espanhola e das subsequentes guerras travadas com as populações indígenas nativas, consolidadas no livro *Os índios e o direito da guerra* (*De Indis et de Jure Belli Relectiones*)[67].

A obra rejeitou a premissa anteriormente estabelecida na Europa de que os índios, considerados pagãos por não ostentarem a fé católica, devessem ser privados de seus direitos. Nessa esteira, Vitória defendeu o princípio geral de que os indígenas, antes da chegada dos espanhóis, eram os mestres legítimos de seus bens públicos e privados, e que caberia aos europeus demonstrar a legalidade de suas ações na América[68].

O teólogo sustentou também que a guerra contra os indígenas, assim como contra qualquer outra comunidade – cristã ou não –, deveria ser justa. Nessa lógica, Vitória considerou justas apenas as guerras empreendidas contra as relativamente bem organizadas civilizações indígenas, nativas dos territórios conquistados, em virtude da "injusta resistência" à livre circulação, ao comércio e à propagação dos ideais cristãos pelos hispânicos[69].

Em seus argumentos, Vitória reelaborou antigas doutrinas, lançando as bases do Direito Internacional e do conceito de Esta-

---

cional já é aceito há muito tempo pela crítica historiográfica, é autor de extraordinária modernidade, em muitos aspectos mais avançado do que aqueles que são conhecidos como outros pais-fundadores que lhe sucederam: Francisco Suarez, Alberico Gentili e Hugo Grotius." (FERRAJOLI, Luigi. *A soberania no mundo moderno*. Trad. Carlo Coccioli e Marcio Lauria Filho. 2ª ed. São Paulo: Martins Fontes, 2007, p. 6.)

[67] VITÓRIA, Francisco de. *Os índios e o direito da guerra*. Trad. Ciro Mioranza. Ijuí: Unijuí, 2006.

[68] BARCIA TRELLES, Camilo. "Francisco de Vitoria et l'ecole moderne du droit international". *Recueil des Cours*, Haia, t. 17, v. 2, 1927, pp. 196-200. Collected Courses of The Hague Academy of International Law.

[69] DINSTEIN, Yoram, *op. cit.*, p. 90.

do soberano moderno, articuladas em três vertentes: (i) configuração da ordem mundial como sociedade natural de Estados soberanos; (ii) teorização de uma série de direitos naturais dos povos e dos Estados; (iii) reformulação da doutrina cristã sobre a guerra justa, que passou a ser entendida como forma de sanção jurídica a injúrias sofridas[70].

Dessa forma, o direito à guerra passou a ser um critério de identificação do Estado, a quem se reserva a prerrogativa legal de usar licitamente a força, com a consequente proibição das guerras privadas. Por isso se diz que o Direito Internacional continuou, passados mais de quinhentos anos, a repousar sobre os fundamentos conceituais de Vitória e em seu agudo senso prático do que era possível ser realizado a seu tempo[71].

Os pressupostos lançados por Francisco de Vitória foram continuados e ampliados por Francisco Suarez[72] (1548-1617), teórico que delineou hipóteses de conflito e densificou o conceito de guerra justa[73]. Ambos os autores compreendiam que o Direito Internacional é uma necessidade da sociedade internacional.

Coube a Suarez, principalmente em sua obra *De Legibus,* extrapolar formulações a respeito da lei, do Direito e da justiça no

---

[70] FERRAJOLI, Luigi, *op. cit.*, p. 7.
[71] CASELLA, Paulo Borba. *Fundamentos do direito internacional pós-moderno*. São Paulo: Quartier Latin, 2008, p. 644.
[72] Francisco Suarez foi jesuíta, filósofo e jurista. Nascido de família fidalga, com tradição militar, iniciou seus estudos em Direito na Universidade de Salamanca, que abandonou para ingressar na Companhia de Jesus – ordem dos jesuítas, conhecida por sua forma de organização paramilitar. Tendo tomado o hábito em 1571, toda a sua vida foi dedicada ao ensino. Começou em Ávila e Segóvia (1575), passando a Valladolid (1576-1580), Roma (1580-1585), Alcalá (1585-1593), Salamanca (1593-1597) e, finalmente, em Coimbra (1597-1615), à época em que Portugal e Espanha fizeram parte do mesmo reino unido.
[73] "Segundo Suarez 'qualquer injúria grave contra a honra de alguém' seria causa justa para uma guerra." (DINSTEIN, Yoram, *op. cit.*, p. 91.)

âmbito universal, segundo as quais as relações entre os Estados deveriam ser reguladas pelo *jus gentium*, instituto romano por ele revisitado a partir dos ensinamentos de seu antecessor.

Filósofo e jurista de grande envergadura na esfera internacional, inclusive como autor de tratados internacionais, Suarez foi o responsável pela disseminação da disciplina do Direito Internacional por diversas instituições de ensino de excelência no âmbito europeu.

1.2.2. Alberico Gentili

De origem italiana, mas radicado na Inglaterra em virtude de perseguições religiosas à sua família protestante, coube a Alberico Gentili[74] (1552-1608) a contribuição de pregar a secularização do Direito Internacional[75], até então excessivamente vinculado ao estudo filosófico do jusnaturalismo com fundamento divino.

Dentre suas obras no campo do Direito Internacional, destaca-se *De Legationibus Libri Tres* (1585), que se originou da consulta feita pela Rainha Elisabeth I, em cuja corte era conselheiro ju-

---

[74] Alberico Gentili nasceu em uma família nobre na cidade de San Ginesio, parte da atual região de Marcas (centro da Itália). Estudou Direito na Universidade de Perugia. Foi encarregado de revisar as leis vigentes em sua cidade natal, de onde teve que fugir dois anos depois com seu pai, médico renomado, e com um de seus irmãos, em virtude da fé protestante. Os três foram inicialmente para Ljubljana, capital da Eslovênia, depois para as cidades universitárias alemãs de Tübingen e Heidelberg. Em 1580 chegou à Inglaterra, onde foi nomeado professor catedrático de Direito Civil na Universidade de Oxford. Manteve sua cátedra até a morte, mas se dedicou cada vez mais à advocacia, tendo sido admitido a oficiar perante a nobilíssima Corte do Almirantado, na qual se aplicava o Direito Civil continental, e não o Direito Comum inglês. Ficou conhecido pelo trabalho desempenhado como advogado da Embaixada da Espanha na Inglaterra.

[75] "Even before Grotius, Alberico Gentili (author of *De Jure Belli*, 1598) sustained, by the end of the sixteenth century, that it is Law that regulates the relationships among the members of the universal societas gentium. In his *De Jure Belli Libri Tres* (1612), A. Gentili held that the law of nations was 'established among all human beings', being 'observed by all mankind'." (TRINDADE, Antônio Augusto Cançado, *International Law for Humankind*, op. cit., p. 254, grifos nossos.)

rídico, sobre a legitimidade da prisão do embaixador espanhol que tramara contra a vida da monarca, ocasião em que sustentou a proteção à "imunidade dos diplomatas".

Por meio de sua obra *De Iuri Belli Libri Tres* (1598), Alberico Gentili estabeleceu a diferença entre guerra pública e guerra particular, declarando que somente a primeira deveria ser considerada uma luta justa de armas públicas, enquanto a guerra privada padeceria de amparo jurídico, constituindo uma forma de banditismo social.

Finalmente em *Hispanicae Advocationis Libri Duo* (1613, publição póstuma), Gentili defendeu o direito da Inglaterra de dar asilo a espanhóis que fugiam da perseguição holandesa, declarando inválido o "direito à caça", base da pretensão das autoridades holandesas ao invadir o território inglês para dar continuidade à perseguição a seus súditos[76].

Deve-se em grande parte ao estudo de Alberico Gentili a enunciação da máxima "entre pares não há império" *(par in parem non habet imperium)*, essencial até os dias atuais nas relações diplomáticas entre Estados[77].

Apesar da relevância de sua obra, Gentili não ganhou o devido reconhecimento em vida. Passados mais de duzentos anos, sua obra foi recuperada pelo professor Erskine Holland, da Universidade de Oxford, e em seguida enaltecida pelo jurista italiano Pasquale Mancini, tornando-se então doutrina reconhecidamente relevante.

---

[76] MELLO, Celso Duvivier de Albuquerque, *op. cit.*, p. 164.

[77] "Nacida en él ámbito del derecho internacional público, la regla que aquí evocamos parte de la premisa según la cual el igual no ejercita su autoridad sobre su igual, o sea, que entre pares no hay imperio. Así arribamos a que un Estado no puede válidamente llevar ante sus propios tribunales a su igual, esto es, a otro Estado." (ZUCCHERINO, Ricardo Miguel. *Derecho Internacional Privado*. Buenos Aires: Lexis Nexis, 2008, p. 182.)

Figuras IV e V. Hugo Grócio em sua infância e na idade adulta. O jurista holandês foi considerado um menino prodígio por ter iniciado cedo sua obra e também sua atuação profissional. De fato, Henrique IV, rei da França, comentou que Grócio, à época com 15 anos, era o verdadeiro "milagre da Holanda".

1.2.3. Hugo Grócio

O jurista holandês Hugo Grócio[78] (1583-1645) é por muitos considerado o "pai" do Direito Internacional moderno[79], pois a

---

[78] Hugo Grócio nasceu em Delft, na Holanda. Foi um profundo humanista, destacando-se como jurista, filósofo, teólogo, músico, astrônomo, poeta e historiador. Menino-prodígio, começou a compor versos aos 8 anos e com 11 anos entrou na Universidade de Leidein para estudar Direito. Doutorou-se em 1598 na Universidade de Orleans, ao acompanhar o primeiro-ministro dos Países Baixos, Johan van Oldenbarnevelt, em uma missão diplomática à França. Henrique IV, rei da França, comentou que Grócio, à época com 15 anos, era o verdadeiro "milagre da Holanda". Sua vida permaneceu aventurosa, pois, em 1632, foi prometida a quantia de 2.000 guildes como prêmio por sua cabeça, obrigando-o a fugir para Hamburgo, na Alemanha, onde se estabeleceu por três anos. Em 1634, foi nomeado pelo conde Axel Oxenstierna embaixador da Suécia em Paris, onde participou das negociações de um tratado para dar fim à Guerra dos Trinta Anos. Faleceu em 1645 na cidade de Lubeck, na Alemanha. Suas palavras finais teriam sido: "Mesmo tendo compreendido muitas coisas, nada realizei".

[79] CASELLA, Paulo Borba. *Fundamentos do direito internacional pós-moderno, op. cit.*, p. 308.

ele se atribui a sua consolidação definitiva como ciência jurídica autônoma, desligada da teologia[80].

O pensamento de Grócio foi elaborado dentro de um cenário europeu conturbado por diversas guerras – em especial a guerra de independência da Holanda e a Guerra dos Trinta Anos[81] –, motivo pelo qual suas obras dedicam-se profundamente à busca e à manutenção da paz.

Dentre tantos trabalhos importantes de Grócio como jurista e diplomata, destaca-se a consulta feita pela Companhia das Índias Orientais, no ano de 1605[82], sobre o apresamento por holandeses de um navio português, o Santa Catarina, no estreito de Málaca. O parecer do jurista, denominado *Sobre a lei do apresamento* (*De Jure Praedae*), versou sobre a legitimidade do "direito de presa" de navios de bandeira estrangeira, considerada uma das primeiras normas costumeiras do Direito Internacional.

Em 1609, baseada em excerto do referido livro, a obra *Mar livre* (*De Mare Liberum*) tratou dos oceanos, do direito de navegação e da liberdade de comércio. Nessa ocasião, Grócio defendeu a existência da liberdade de navegação nos mares, tendo em vista sua natureza de *res communis*, isto é, o seu não pertencimento a

---

[80] "Mesmo repropondo a ideia vitoriana de uma *universitas societas gentium* (comunidade universal das gentes), Grotius, de fato, torna o direito das gentes autônomo não apenas em relação à moral e à teologia, mas também em relação ao direito natural, definindo-o '*id quod gentium omnium aut multarum vim obligandi accepit*' (o que por vontade de todas ou de muitas gentes assume força de obrigação): ou seja, como aquele cuja força obrigatória depende do consenso de todos ou da maior parte dos Estados e, mais exatamente, daqueles que Grotius chama de *moratiores* (mais civis)." (FERRAJOLI, Luigi, *op. cit.*, pp. 17-8.)
[81] TANAKA (1993) *apud* CASELLA, Paulo Borba. *Direito internacional no tempo moderno*: de Suárez a Grócio. São Paulo: Atlas, 2014.
[82] Os seus originais foram escritos entre 1604 e 1608, mas não foram inicialmente publicados devido à sua natureza de consulta particular. Em 1868, após serem identificados em um leilão, foram então publicados.

nenhum Estado, assim como em virtude da importância dos oceanos como via de comunicação entre as nações.

Finalmente, em *O direito da guerra e da paz* (*De Jure Belli ac Pacis*) de 1625, Grócio realizou um estudo sistemático de Direito Internacional Público, em que pese ter tratado também de matéria que atualmente integraria o ramo do Direito Internacional Privado. Nessa obra, notamos que a missão de Grócio foi tanto prática quanto teórica: elaborar conceitos éticos e parâmetros de conduta para a guerra.

No que tange às suas bases teóricas, Hugo Grócio foi partidário do que atualmente se denomina "Escola Eclética"[83], isto é, a corrente de pensamento que concebe a coexistência do "direito natural" ao lado do "direito voluntário", defendendo que o último deve estar sempre de acordo com o primeiro[84]. De fato, o influxo da laicização do Direito à época fortificou a corrente filosófica jusnaturalista, que tem em Grócio um de seus maiores expoentes, seguido de perto por Samuel Pufendorf, "o mais fiel continuador"[85] da obra e do pensamento de Grócio.

Vale salientar que o "direito voluntário" é aquele expressamente declarado e positivado pelos Estados por meio de tratados e costumes reiterados. No curso da história do Direito Internacional, um

---

[83] "Hugo Grotius was well acquainted with natural law doctrine as it was discussed in his contemporary world. His profound and almost universal knowledge included not only theology, classics and law but also, and last but not least, philosophy. *Grotius method of dealing with philosophical questions is characterized by a special form of eclecticism.* […] By his eclecticism Grotius not only gained the reputation of being a 'homo eruditissimus', a man of highest erudition. There are many authors who consider that Grotius should also be qualified as an outstanding philosopher" (AGO, R. *et al.* "Commemoration of the Fourth Centenary of the Birth of Grotius". *Recueil des Cours*, Haia, v. 232, n. 1, 1992, p. 399. Collected Courses of The Hague Academy of International Law, grifos nossos.)

[84] MELLO, Celso Duvivier de Albuquerque, *op. cit.*, p. 165.

[85] ACCIOLY, Hildebrando; SILVA, Geraldo Eulálio do Nascimento e CASELLA, Paulo Borba, *op. cit.*, p. 65.

dos expoentes da quebra do jusnaturalismo como filosofia dominante foi Emmerich de Vattel, primeiro a relegar o "direito natural" à consciência interna do Estado e a definir o "direito voluntário" como o verdadeiro Direito Internacional para objetivos práticos, dando impulso ao que viria a ser a chamada posição da "soberania nacional estatal" no Direito Internacional[86]. Nesse sentido, a visão de Vattel é contrária aos ensinamentos de Grócio e Pufendorf.

De acordo com o jusnaturalismo de Grócio, o Direito tem fundamento na razão, assim como na ideia de que ele é inato, por advir da natureza humana. Nessa linha, afirmou o autor: "o direito natural existiria mesmo que Deus não existisse, ou ainda que Deus não cuidasse das coisas humanas"[87].

Nessa esteira, Grócio acabou por estabelecer uma linha divisória entre o direito natural, o "direito das gentes" e o direito civil, reconhecendo a necessidade de uma "base de humanidade" subjacente à formulação de todas as normas e procedimentos deles decorrentes, mesmo em tempos de guerra.

Ainda sobre a concepção de "direito das gentes", Grócio afirmou ser o conjunto de direitos e deveres comuns a todos os povos, que contempla, por exemplo, questões relacionadas à declaração e à condução da guerra.

O legado de Grócio compreende inúmeras normas que vigoram até os dias atuais, por exemplo, "reféns não devem ser mortos" e "todo combate inútil deve ser evitado". Em relação aos neutros (civis), Grócio ensinou que, em princípio, não se deve tomar nada deles, a não ser em caso de extrema necessidade, observados os seus limites e com a devida restituição do preço[88].

---

[86] FRIEDMANN, Wolfgang. *The Changing Structure of International Law*. New York: Columbia University Press, 1964, p. 76.

[87] BITTAR, Eduardo C. B.; ALMEIDA, Guilherme Assis de, *op. cit.*, p. 279.

[88] GROTIUS, Hugo. *O direito da guerra e da paz*. Trad. Ciro Mioranza. 2ª ed. Ijuí: Unijuí, 2005, v. 1 e 2, p. 1339.

Insta ainda dizer que o autor realizou colaborações importantes para o uso da mediação e da arbitragem nas questões de guerra e paz e, segundo ele, a paz só poderia ser alcançada quando normas explícitas para todos fossem estipuladas e levadas em consideração. O conjunto de princípios e regras específicas elaboradas por Grócio é exemplo de um "direito de paz para toda a humanidade" concebido pelo jurista holandês.

SEGUNDA PARTE

PROJETOS DE PAZ PERPÉTUA

CAPÍTULO 2

OS PROJETOS DE PAZ PERPÉTUA
NO PENSAMENTO OCIDENTAL

> *Nunca a mente humana concebeu um esquema mais nobre, mais belo ou útil do que o de uma paz perpétua e universal [...] e nunca um escritor mereceu mais respeito do que quem sugeriu os meios de pôr em prática esse esquema.*
>
> Jean-Jacques Rousseau

Na tradição do pensamento moderno ocidental, em especial no século XVIII, os chamados "projetos de paz perpétua" tinham por objetivo estabelecer ou manter a paz – especialmente no plano europeu –, apresentando elementos e propostas semelhantes, dentre as quais destacamos a união dos Estados e a utilização de meios de solução pacífica de controvérsias, como a mediação e a arbitragem.

Diante da impossibilidade de discorrer de forma exauriente sobre todos esses projetos, pretende-se, nesta seção, explorar as características dos que contribuíram para a evolução do Direito Internacional Público como disciplina. A presente seleção de projetos e autores pauta-se por dois aspectos: a relevância doutrinária e o fluxo temporal das obras.

Doutrinariamente, para além das proposições mais relevantes para o DIP, analisam-se aqui textos pouco conhecidos pelo leitor brasileiro, a exemplo dos projetos de autoria de William Penn e

Émeric Crucé, cujas proposições foram aqui traduzidas de forma livre, com vista a preservar ao máximo as ideias contidas nos textos originais.

No que tange à questão temporal e com vista a favorecer a melhor compreensão didática, a exposição que segue obedece à ordem cronológica das contribuições teóricas e dos projetos de paz selecionados. Não obstante serem trabalhados alguns autores clássicos que, ao longo da história ocidental, pensaram e propuseram a paz, ênfase é dada àqueles oriundos do século XVIII, período de intenso estudo sobre a paz, em que se passou a acrescer o adjetivo "perpétua" à titulação das obras.

De antemão vale esclarecer que, por encerrarem produções de seu tempo, não é de estranhar a troca de ideias e mecanismos entre os projetos de paz perpétua analisados. Por exemplo, não podemos ignorar a influência do "*Projet pour rendre la paix perpetuelle en Europe*"[1] do Abbé de Saint-Pierre no projeto de Immanuel Kant[2]. Apesar das similaridades, enquanto o abade desenvolveu um plano voltado inteiramente para a figura dos Estados soberanos europeus e seus governantes, o filósofo de Königsberg incluiu todas as nações e tratou de contemplar os indivíduos, destinando assim o seu projeto a toda a humanidade[3].

Ainda quanto à estrutura da narrativa ora proposta, enfatiza-se a relevância do pensamento de William Penn, Abbé de Saint-Pierre e Jean-Jacques Rousseau. Similarmente, as relevantes contribuições de Immanuel Kant são apresentadas no terceiro capítulo.

Tendo sido realizados esses apontamentos iniciais, passa-se doravante à apresentação dos projetos de paz que marcaram o DIP.

---

[1] Projeto para tornar perpétua a paz na Europa.
[2] Apesar de se distanciarem em muitos aspectos os projetos.
[3] SALGADO, Karine. *A paz perpétua de Kant*: atualidade e efetivação. Belo Horizonte: Mandamentos, 2008, p. 140.

Como visto na primeira parte, no medievo, algumas ideias corroboraram a investigação da paz, sendo imperioso recordar que toda e qualquer análise do referido período deve ser realizada à luz da herança cristã.

Nessa linha, constata-se que o cristianismo inaugurou uma nova forma de conceber o mundo e os homens, reforçando a concepção de uma comunidade política universal com base na comunhão fraterna dos fiéis. Isso porque o indivíduo batizado de acordo com os apostolados católicos, para além de integrante da sua comunidade espefícica, tornava-se também um ente "investido da personalidade da Igreja", e, por conseguinte, apto a participar da "Casa de Deus".

Conforme destacado anteriormente dentro dos fundamentos relacionados ao binômio "paz e guerra", o pensamento de Santo Agostinho (354-430), especialmente em sua obra *A cidade de Deus* (*De Civitate Dei*) de 410, forneceu as bases jurídicas para o que ficou conhecido como *Respublica Christiana*, unidade total dos que professam o cristianismo numa espécie de sociedade cristã universal.

Nessa mesma linha de raciocínio é a visão do francês Pierre Dubois (1250-1312), discípulo de São Tomás de Aquino, que, em sua obra *Recuperação da Terra Santa* (*De Recuperatione Terrae Sanctae*) de 1309, defendeu a união dos soberanos cristãos contra os infiéis e a reconquista dos locais considerados santos para a Igreja Católica.

Na sequência, o célebre autor florentino Dante Alighieri publicou *Monarquia* (*De Monarchia*) em 1315, uma obra político-filosófica em que propôs o estabelecimento de uma monarquia universal como única forma de atingir a "boa ordenação do mundo"[4] e a felicidade do gênero humano.

---

[4] ALIGHIERI, Dante. *Monarquia*. Trad. Hernâni Donato. São Paulo: Ícone, 2006, p. 39.

Outro projeto medieval reconhecido foi o de autoria do francês Antoine Marini, conselheiro do rei George de Poděbrady, da Boêmia. Considerado uma espécie de "Carta de Organização Geral para a Paz", em que se propunha a celebração de um tratado multilateral aberto a todos os Estados cristãos, tal projeto não constitui um único documento, mas documentos sucessivos, a exemplo de *"fervensque propositum... ad procedendum magnanime contra Turcum"*, que pode ser traduzido, de forma livre, como "proposição sobre a necessidade urgente de uma aliança antiturca"[5].

Em 1463, o referido projeto foi apresentado pelo rei aos seus pares, propondo a "União", a paz e a defesa comum contra a constante ameaça da nação turca e da religião islâmica[6].

O detalhado projeto de Marini é considerado um dos embriões das atuais organizações internacionais de vocação universal (ONU) e regional (União Europeia), notadamente em decorrência da sua concepção de instituições supranacionais como a Assembleia de Representantes, o Conselho de Soberanos e o Tribunal Internacional[7].

Em 1517, Erasmo de Roterdam publicou o ensaio *Querela Pacis*, declamação na qual "a paz" apareceu como um ente personificado que defende a sua própria posição. Nessa obra, o autor esboçou a imagem de uma ordem cristã à qual seriam submetidos todos os interesses particulares dos príncipes e dos Estados. Essa comunidade cristã internacional teria a tarefa de preservar e ins-

---

[5] MARTIN, Nejedlý. "Le projet d'union entre pays européens conçu en Bohême dans les années 1463-1464: un projet de croisade contre les turcs?" *Comptes Rendus des Séances de l'Académie des Inscriptions et Belles-Lettres*, 153º ano, n. 2, 2009, pp. 877-899. Disponível em: <https://www.persee.fr/doc/crai_0065-0536_2009_num_153_2_92552>. Acesso em: 20 jun. 2020.

[6] *Id., ibid.*, pp. 882-4.

[7] *Id., ibid.*, p. 895.

taurar a paz por meio de um sistema de acordos e de tribunais de arbitragem compostos por estudiosos, sacerdotes e políticos.

A querela da paz de Roterdam não surtiu o sucesso imediato e esperado. Apesar disso, a obra influenciou por demais o pensamento da paz dos séculos seguintes.

Importa ressaltar a contribuição do monge francês Émeric Crucé[8], que publicou, em 1623, o livro *O novo Cineas* (*Le nouveau Cynée*) também conhecido como "Discurso sobre as oportunidades e os meios para estabelecer uma paz geral e a liberdade de comécio para todos"[9]. Em suas meditações sobre a paz, o monge alegou que dissertar sobre os benefícios dela advindos não seria o suficiente, sendo imprescindível um plano audacioso: um verdadeiro "projeto para a paz".

Nesse esteio, Crucé é considerado o primeiro a versar sobre a paz em um caráter verdadeiramente internacional, pois também incluiu em seu projeto os Estados não cristãos, de acordo com a sua concepção de que as nações estavam associadas por um laço natural, independentemente da religião que professassem. Ainda no que concerne à sua natureza universalista, o projeto de Crucé propõe a intensificação do comércio internacional, além do estabelecimento de um sistema monetário mundial único.

Émeric Crucé foi além do universalismo ordinário e imprimiu uma característica intergeracional ao defender que a paz deveria ser edificada de tal maneira que pudesse ser mantida não

---

[8] Segundo biógrafos, dúvidas ainda pairam quanto ao nome verdadeiro do monge francês, encontrando-se em seus escritos as seguintes opções: Émeric Crucé, Émeric Lacroix, Crucaeus, Cruceus ou ainda Crucejus. Poucos detalhes sobre a vida dele são conhecidos, inclusive sua data de nascimento. Entretanto, considera-se que ele tenha nascido por volta de 1590 e vivido até cerca de 1648.
[9] LEDERMANN, László. *Les précurseurs de l'organisation internationale*. Neuchâtel: Éditions de la Baconnière, 1945, p. 69.

somente pela geração que a estabeleceu, mas também pelas gerações futuras.

Ressalta-se que o autor escreveu seu "projeto de paz" inspirado por um pacifismo profundo; nesse sentido, aspirava a um planeta Terra que fosse comum a todos, uma espécie de cidade global, onde os homens pudessem transitar entre os mais diversos Estados, resguardados de preconceitos locais e comunicando-se livremente.

Nesse contexto, outro pensador dessa época foi o francês Maximilien de Béthune, ministro do rei Henrique IV e mais conhecido como Duque de Sully. Com o intuito de contribuir com o fim da hegemonia da Casa da Áustria e para o equilíbrio europeu, Sully[10] elaborou um projeto de paz que teria o condão de beneficiar tanto os soberanos da região quanto os seus súditos.

O projeto de paz de Sully[11] (1611-1638) teve como proposta a união dos reis da região em uma federação denominada "Concerto Europeu"[12], cujos membros seriam regidos por um conjunto de normas e princípios, sendo a eles vedado o abandono da institui-

---

[10] "Artigo VI. Nenhum dos Associados poderá usar de agressão ou conquistar terras de outrem sem o consentimento dos Associados, e mesmo quando houver conquistado alguma coisa, terá obrigação de colocá-la à disposição de todos os demais." (*Id., loc. cit.*)

[11] Na Figura VI, encontra-se a ilustração do mapa de reorganização da Europa proposto pelo Duque de Sully.

[12] "Sempre fui de opinião [diz o Duque de Sully a Henrique IV] de que os Reis de França não devem jamais aspirar a fazer conquistas contra os Príncipes seus vizinhos, pois isso suscita os ciúmes, a inveja e o ódio de todos os demais, e eles se verão obrigados a despesas tão grandes que esmagarão seus povos por meio de taxas e impostos, e finalmente acabarão por se arrepender por não se contentarem com um Estado grande, esplêndido, fértil e populoso como o que possuem, a fim de cuidá-lo com o amor e boa vontade de seus povos e do qual se pode usufruir tão bem que fornecerão sempre em abundância tesouros e riquezas, e desde agora Vossa Majestade conquistará a reputação de ser o Príncipe mais amado, sábio, venturoso e político que existe em todo o Universo." (BÉTHUNE, Maximiliano *apud* SAINT-PIERRE, Abbé de. *Projeto para tornar perpétua a paz na Europa*. Trad. Sérgio Duarte. São Paulo: Imprensa Oficial, Brasília: Ed. da UnB, 2003, p. 661. Col. Clássicos Ipri.)

ção, sob pena de violentas sanções[13]. A referida Federação seria formada por grupos regionais e sua direção realizada pelos membros de maneira conjunta.

O Duque de Sully relatou em sua obra que a proposta por ele sistematizada, originariamente idealizada pelo rei Henrique IV, obteve, à época, considerável aceitação dos outros reis da Europa[14]. Esse projeto também trouxe uma proposta de livre comércio para seus associados, prevendo, inclusive, a elaboração de uma regulamentação comum para a livre navegação nos mares[15].

Os eventuais conflitos surgidos no contexto do "Concerto Europeu" de Sully seriam resolvidos por arbitragem conduzida pelos membros, com tomada de decisão por maioria de votos[16]. Nes-

---

[13] "Uma vez estabelecida a República Muito Cristã, nenhum dos Associados poderá deixá-la ou dela separar-se sem atrair contra si a má vontade de todos os demais e até mesmo a agressão deles mediante guerra, se for o caso." (*Id., ibid.*, p. 666.)
"Artigo 19 da instrução. Mais: convir que se algum dos que assinarem a associação vierem a separar-se ou a desinteressar-se dela, serão perseguidos como inimigos por todos os demais conjuntamente." (*Id., ibid.*, p. 667.)
[14] "Parece que o Rei James, e sobretudo o Príncipe de Gales, encantaram-se com o projeto de Sociedade Europeia proposto por Henrique IV, a fim de tornar perpétua a paz e expulsar os turcos da Europa. Que as Províncias Unidas e o Rei da Dinamarca haviam aprovado o projeto desde 1605. Que o Rei da Suécia se mostrou mais entusiasmado do que qualquer outro com esse desígnio. Que a Nobreza, as Cidades e Povos da Hungria, Baixa Áustria, Boêmia, Morávia, Silésia e Luzácia, às primeiras notícias deste projeto, afirmaram terem maior necessidade de retenção do que de demanda. Que a Senhoria de Veneza disse considerar uma glória seguir os magníficos desígnios de tão grande Rei. Que o Duque de Savoia desejava impacientemente sua execução. Que os Príncipes e Cidades Imperiais Protestantes da Germânia e os suíços também afirmaram aprovar esses desígnios. Menciona-se que Henrique negociou com o Papa em 1605 a respeito do projeto, assim como com o Duque da Baviera, com o Duque de Saxe e com os Eleitores Católicos, com o Duque de Florença, com o Duque de Mantua, de Modena, com Gênova e Luca." (*Id., ibid.*, pp. 671-2.)
[15] "Parece adequado estabelecer um ordenamento para a navegação, especialmente no que diz respeito às viagens de longo curso, para que o mar seja tão livre quanto a terra para todos os Estados Cristãos e para que tenham igualdade de tráfego e comércio em todas as Índias e outros lugares." (*Id., ibid.*, p. 675.)
[16] "Além disso, convir com os associados que se houver divergências entre eles, deverão confiar a decisão à Arbitragem de seus amigos comuns, que a julgarão por maioria de votos sem luta." (*Id., ibid.*, p. 667.)

PLANCHE V — LE PROJET DE RÉORGANISATION EUROPÉENNE DE SULLY

I. France.
II. Espagne.
III. Grande-Bretagne.
IV. Danemark.
V. Suède.
VI. Lombardie.
VII. Etats pontificaux.
VIII. Empire.
IX. Venise.
X. Hongrie.
XI. Pologne.
XII. Bohême.
XIII. République helvétienne.
XIV. République des Belges.
XV. République d'Italie.

Figura VI. Mapa de Reorganização da Europa proposto por Maximilien de Béthune (Duque de Sully) com base na ideia do "Projeto para estabelecer uma Organização Geral, uma Arbitragem Permanente e uma Proteção Recíproca entre os Soberanos Cristãos" do Rei Henrique IV, o Grande, no século XVII.
Fonte: LEDERMANN, László. Les précurseurs de l'organisation internationale. Nêuchatel: Éditions de la Baconnière, 1945, p. 89.
Foto: © Éditions de la Baconnière

se tocante, Sully preconizou que a arbitragem seria o único método eficaz de resolução de conflitos, por ter fundamento na própria natureza humana[17].

---

[17] "[...] a convenção de Arbitragem Europeia não será apenas possível, mas será impossível que a longo prazo, em circunstâncias favoráveis durante as diferentes crises dos Estados, quando essas reflexões salutares sobre as imensas vantagens de uma organização geral se tornarem comuns, eles não resolvam finalmente acordar uma Arbitragem permanente para resolver suas controvérsias futuras. Dessa forma, já não

As ideias de Sully serviram de inspiração para o projeto de paz perpétua do Abbé de Saint-Pierre – analisado nas seções que seguem –, o qual intitulou um de seus excertos de "Das memórias do Duque de Sully sobre o grande projeto de Henrique, o Grande, para estabelecer na Europa uma organização geral, uma arbitragem permanente e uma proteção recíproca entre os soberanos cristãos"[18].

Finalmente, não se pode furtar de mencionar o jurista inglês Jeremy Bentham e seu projeto "Um plano para uma paz universal e perpétua", parte integrante dos ensaios que compõem sua obra *Princípios do direito internacional*[19], postumamente publicada no ano de 1843. O projeto de Bentham concebe duas propostas fundamentais a serem impostas a todas as nações[20]: (i) estabilizar e fixar a força de cada membro do sistema europeu, inclusive com a redução das forças armadas nacionais[21]; e (ii) emancipar as colônias.

A despeito de reconhecer os proveitos econômicos e as vantagens advindas das colônias europeias, Bentham argumentava

---

me contento em dizer que esse Tratado é muito factível e que essa instituição é muito praticável e que é muito possível; sustento agora, por motivos de proporção fundados na própria natureza humana, que é absolutamente impossível que um dia ele não seja executado. A única coisa incerta é o momento em que será executado, e ouso dizer que esse momento está mais próximo do que se acredita." (*Id., ibid.*, pp. 686-7.)

[18] SAINT-PIERRE, Abbé de, *op. cit.*, p. 658.

[19] BENTHAM, Jeremy. "Principles of International Law". In: BOWRING, John (Ed.). *The Works of Jeremy Bentham*, New York: Russell & Russell, 1962, v. 2, pp. 535-60.

[20] BENTHAM, Jeremy. "Essay IV: a Plan for an Universal and Perpetual Peace (1843)". In: BOWRING, John (Ed.). *The Works of Jeremy Bentham*. Edimburgo: William Tait, 1843, v. 2. Disponível em: <http://perpetualpeaceproject.org/resources/bentham.php>. Acesso em: 20 jan. 2020.

[21] "Whatsoever nation should get the start of the other in making the proposal to reduce and fix the amount of its armed force, would crown itself with everlasting honour. The risk would be nothing - the gain certain. This gain would be, the giving an incontrovertible demonstration of its own disposition to peace, and of the opposite disposition in the other nation in case of its rejecting the proposal. The utmost fairness should be employed. The nation addressed should be invited to consider and point out whatever further securities it deemed necessary, and whatever further concessions it deemed just." (*Id., ibid.*)

que a desistência desses territórios traria importantes benefícios, tais como: economia de custos civis e militares com a defesa das colônias; prevenção de futuras rebeliões e guerras entre colônia e metrópole; diminuição da corrupção na esfera pública; além de redução do quadro de funcionários do governo.

Ademais, o "projeto de paz" de Bentham vislumbrava a criação de um Congresso Europeu, no qual cada nação seria representada por dois deputados de sua escolha. Por meio de sessões públicas, o Congresso teria competência para emitir opiniões e aplicá-las a cada Estado individualmente. A obra ainda propõe a supressão da diplomacia secreta, a elaboração de uma codificação internacional e a proibição de medidas ofensivas à liberdade de comércio.

Finalizados esses breves apontamentos sobre alguns dos mais relevantes pensadores e seus projetos de paz, passa-se à análise das sistematizadas contribuições de William Penn, Abbé de Saint-Pierre e Jean-Jacques Rousseau, as quais tiveram inegável influência no desenvolvimento do Direito Internacional Público.

2.1. William Penn: ensaio para se conseguir uma paz presente e futura na Europa

> *Educando-as na filosofia natural, nos conhecimentos mecânicos e na arte, as gerações do porvir serão formadas por homens e não por leões.*[22]
>
> William Penn

O pensador inglês William Penn[23], considerado o "pai espiritual dos *quakers* norte-americanos"[24], é dono de uma vasta pro-

---

[22] Id., ibid., p. 14.
[23] William Penn é lembrado na história moderna como o fundador da Pensilvânia, um dos 50 estados dos Estados Unidos da América. Em 1682, Penn foi nomeado proprietário e governador da região por Carlos II, rei da Inglaterra. A palavra que dá origem ao nome Pensilvânia deriva de "*Penn's woods*" (floresta de Penn).
[24] *Quakers* ou *The society of friends* (Sociedade dos amigos) é a designação dada aos grupos religiosos oriundos do movimento protestante britânico do século XVII.

dução literária, principalmente dentro da temática cristã e em defesa do mencionado grupo religioso.

No contexto da busca pela paz, destaca-se o seu *Ensaio para uma paz presente e futura da Europa por meio da fundação de uma Assembleia, um Parlamento ou uma Câmara de Estados da Europa* de 1693[25], no qual almejou o alcance de uma "paz com justiça" no âmbito europeu[26].

A ideia central de Penn era a constituição, pelos soberanos europeus, de um Parlamento dotado de poder coercitivo composto por representantes[27] dos Estados existentes à época[28], os quais se comprometeriam a pautar suas relações em uma ordem política corporativa fundamentada no Direito e na renúncia à violência.

Sob o influxo desses apontamentos iniciais, apresenta-se a seguir uma análise das principais ideias do "ensaio de paz" de William Penn, respeitando-se o seu formato original – prefácio, capítulos e conclusão.

Prefácio

Por meio da epígrafe "Ao leitor", o autor expõe os motivos que o levaram a escrever um ensaio sobre a paz, admitindo modesta-

---

Penn tornou-se um *quaker* em 1667. Resumidamente, os *quakers* possuem por doutrina religiosa viver em recolhimento e pureza moral, na prática ativa do pacifismo, da solidariedade e da filantropia. Cabe mencionar que, em 1947, os comitês ingleses e norte-americanos do Auxílio Quaker Internacional receberam o prêmio Nobel da Paz.

[25] Vale ressaltar que o escrito de William Penn acerca de uma "possível paz presente e futura para a Europa" foi praticamente ignorado por quase dois séculos. Contudo, o texto começou a ser novamente editado no início da Primeira Guerra Mundial.

[26] William Penn utiliza a expressão "este quarto (1/4) do mundo" para se referir ao continente europeu.

[27] TRUYOL Y SERRA, Antonio. *História do direito internacional público*. Trad. Henrique Barrilaro Ruas. Lisboa: Instituto Superior de Novas Profissões, 1996, p. 100. Col. Estudos Gerais.

[28] Vale mencionar que, quando da redação do projeto, William Penn foi a favor da admissão do Império Otomano e da Rússia.

mente que a tarefa da qual se incumbe é necessária porém árdua e, por isso, mereceria um mestre muito mais gabaritado do que ele, demonstrando aqui uma postura de humildade, própria de sua ordem religiosa.

Capítulo primeiro – "Da paz e suas vantagens"

O ensaio apresenta ao leitor uma pergunta retórica: "se não existe a paz no mundo, o que mais há de se almejar?". A partir dessa indagação, Penn passa a demonstrar que a paz, antes de tudo, é um campo fértil para a caridade e para a hospitalidade entre os Estados, e que "a guerra é a geada que toma das pessoas todo conforto propiciado pela paz estabelecida"[29].

Ainda, destaca que a paz tem o condão de conservar os bens materiais dos Estados, o que é extremamente desejável para que a riqueza cumulada possa ser reaplicada em outras áreas, de forma a beneficiar os cidadãos.

Capítulo segundo – "Dos significados da paz: a justiça no lugar da guerra"

Nesse segundo momento do projeto, o autor disserta sobre a justiça como fruto do governo interno de cada país, da sociedade e da concordância geral dos Estados, além de elemento garantidor da paz. Defende ainda que, diante da existência de uma "justiça acreditada", os indivíduos são forçados a pautar seus desejos

---

[29] "[...] What can we desire better than peace, but the grace to use it? Peace preserves our possessions; we are in no danger of invasions: our trade is free and safe, and we rise and lie down without anxiety. The rich bring out their hoards, and employ the poor manufacturers: buildings and diverse projections, for profit or pleasure, go on: it excites industry, which brings wealth, as that gives the means of charity and hospitality, not the lowest ornaments of a kingdom or commonwealth. But war, like the frost of '83, sizes all these comforts at once, and stops the civil channel of society." (PENN, William. *The Peace of Europe, the Fruits of Solitude*. Londres: Everyman, 1993, p. 6.)

e ressentimentos na satisfação trazida pela lei, sendo a justiça a grande mantenedora da paz[30].

Capítulo terceiro – "Do governo, o começo e o fim de todos os modelos"

Na sequência, Penn sustenta que o governo é uma ferramenta apta a limitar a ação dos indivíduos para prevenir os excessos individuais, argumento que encontra guarida na ideia de que, fora da sociedade, cada indivíduo é o seu "próprio soberano", agindo como lhe convém. No entanto, ao submeter-se à conveniência do todo, o indivíduo efetua uma troca: os seus arbítrios pela proteção do governo[31].

Capítulo quarto – "De uma paz geral: a paz da Europa e seus significados"

O quarto capítulo compreende a ideia central do "projeto de paz perpétua": a reunião dos príncipes soberanos da Europa em uma Assembleia que estabeleça regras para um convívio pacífico. Assim, todos os conflitos entre os príncipes soberanos deveriam ser submetidos ao referido órgão, o qual teria, impreterivelmente, competência para solucioná-los[32].

---

[30] "[…] Justice is the means of peace, betwixt the government and the people, and one man and company and another. It prevents strife, and at last ends it: for besides shame or fear, to contend longer, he or they being under government, are constrained to bound their desires and resentment with the satisfaction the law gives. Thus peace is maintained by justice, which is a fruit of government, as government, is from society, and society from consent." (*Id., ibid.*, pp. 7-8.)

[31] "Government is an expedient against confusion; a restriction upon all disorder; just weights and even balance: that one may not injure another, nor himself, by intemperance. […] No man is judge in his own cause, which ends the confusion and blood of so many judges and executioners. For out of society every man is his own king, does what he lists, at his own peril. But when he comes to incorporate himself, he submits that royalty to the convenience of the whole, from whom he receives the returns of protection. […]." (*Id., ibid.*, p. 8.)

[32] Ainda no tocante às reuniões da Assembleia, o autor, de forma minuciosa, sugeriu que elas deveriam ocorrer em uma sala redonda dotada de várias portas, para

Na hipótese de algum soberano recusar-se a submeter seu conflito ao mecanismo de solução estabelecido pela Assembleia ou decidir pelo uso da violência, todos os seus pares teriam o dever de compeli-lo a acatar à decisão da Assembleia, uma vez que ela representa a vontade da maioria[33].

Capítulo quinto – "Das causas dos conflitos e os motivos da violação da paz"

Apesar da defesa enfática da busca pela paz e de suas vantagens, Penn enuncia três formas legítimas de interrupção do "estado de paz", quais sejam:

(i) para manutenção do que é de direito do Estado, contra a invasão de um inimigo em seu território;

(ii) para recuperação de uma posse perdida violentamente pelo Estado;

(iii) para acréscimo do domínio territorial do Estado, por meio da aquisição de território de país vizinho (fronteiriço)[34].

---

que qualquer representante pudesse adentrá-la ou retirar-se dela quando quisesse, sem maiores constrangimentos.

[33] "[…] Now if the sovereign princes of Europe, who represent that society, or independent state of men that was previous to the obligation of society, would, for the same reason that engaged men first into society, viz. love of peace and order, agree to meet by their stated deputies in a general diet, estates, or parliament, and there establish rules of justice for sovereign princes to observe one to another; […] before which sovereign assembly, should be brought all differences depending between one sovereign and another […] and if any of the sovereignties that constitute these imperial states, shall refuse to submit their claim or pretensions to them, or to abide and perform a judgment thereof, and seek their remedy by arms, or delay their compliance beyond the time prefixed in their resolutions, all the other sovereignties, united as one strength, shall compel the submission and performance of the sentence. […]" (PENN, William, *op. cit.*, p. 9.)

[34] "There appears to me but three things upon which peace is broken, viz. to keep, to recover, or to add. First, to keep what is one's right, from invasion of an enemy; in which I am purely defensive. Secondly, to recover, when I think myself strong enough, that which by violence, I, or my ancestors have lost, by the arms of a stronger power; in which I am offensive: or, lastly, to increase my dominion by the acquisition of my neighbor's countries. […]" (*Id., ibid.*, p. 10.)

Como podemos notar, a utilização da "força" não foi totalmente banida pelo projeto, sendo autorizada e considerada legítima apenas em algumas hipóteses específicas.

Capítulo sexto – "Dos títulos nobiliários e os conflitos que eles podem gerar"

Ao dedicar um capítulo inteiro aos "títulos nobiliários", o autor trabalhou a questão da aquisição de títulos, demonstrando claramente sua preocupação com um problema latente à época: o destino dado aos títulos de nobreza conquistados através do uso da violência, os quais deram origem à tomada de poder por diversos príncipes[35].

Capítulo sétimo – "Da composição dos Estados Imperiais"

Neste capítulo Penn enfatiza a dificuldade em atribuir, no seio da sua concepção de Assembleia, o peso equitativo ao voto de cada príncipe em meio a um contexto de clara desigualdade de forças.

Diante desse problema, Penn propõe um sistema no qual cada país da Europa deveria ser representado de acordo com o seu poder financeiro[36], elegendo, portanto, o parâmetro econômico em detrimento de outros critérios possíveis, como o territorial ou o populacional.

---

[35] "But I easily foresee a question that may be answered in our way, and that is this: what is right? or else we can never know what is wrong: it is very fit that this should be established. But that is fitter for the sovereign states to resolve than me. And yet I may lead a way to the matter, I say that this title is either by a long and undoubted succession, [...] or by election, [...] or by marriage, [...] or by purchase, [...] or by conquest. [...] This last, title is, morally speaking, only questionable. [...]" (*Id., ibid.*, p. 10.)

[36] "The composition and proportion of this sovereign part, or imperial state does, at the first look, seem to carry with it no small difficulty what votes to allow for the inequality of the princes and states. But with submission to better judgments, I cannot think it is invincible: for if it be possible to have an estimate of the yearly value of several sovereign countries. [...]" (*Id., ibid.*, p. 11.)

Capítulo oitavo – "Da regulamentação dos Estados Imperiais"

O projeto também aborda a questão do quórum das votações no âmbito da Assembleia, restando estabelecido que qualquer decisão deveria ser aprovada por três quartos dos votos. O autor acreditava que o quórum qualificado para as deliberações dificultaria atos de traição e de corrupção entre os participantes.

Capítulo nono – "Das objeções que podem arruinar o sistema"

De forma meticulosa, Penn reservou este capítulo para realizar um exercício de autorreflexão e responder a quatro possíveis críticas que seu projeto poderia vir a receber, quais sejam:

Primeira objeção: *Provavelmente a mais rica e forte soberania da Europa jamais aceitaria um projeto nos termos expostos*[37].

Resposta: Nem mesmo a mais rica e forte soberania da Europa seria, isoladamente, mais forte do que todas as outras soberanias reunidas.

Segunda objeção: *As soberanias se fragilizariam pela ausência de seus exércitos nacionais permanentes.*[38]

---

[37] "[…] The strongest and richest sovereignty will never agree to it, and if it should, there would be danger of corruption than of force one time or other. I answer to the first part, he is not stronger than all the rest, and for that reason you should promote this, and compel him in to it, especially before he be so, for then, it will be to late to deal with such an one." (*Id., ibid.*, pp. 14-5.)

[38] "[…] The second is that it will endanger an effeminacy of such a disuse of the trade of soldiery: that if there should be any need for it, upon any occasion, be at a loss as they were in Holland in '72. There can be no danger of effeminacy, because each sovereignty may introduce as temperate or severe a discipline in the education of youth, as they please, by low living, and due labour. Instruct them in mechanical knowledge, and natural philosophy, by operation, which is the honour of the German nobility. This would make them men: neither women nor lions: for soldiers are the other extreme of effeminacy." (*Id., ibid.*, pp. 14-5.)

Resposta: A lógica deveria ser inversa, ou seja, as soberanias se fortaleceriam na hipótese de extinção dos seus exércitos nacionais permanentes, em decorrência do remanejamento obrigatório dos recursos financeiros para a educação da juventude.

Vale notar que a educação preconizada por Penn é pautada na vida simples e no trabalho justo, em clara sintonia com os princípios *quakers* por ele esposados na seguinte passagem: "educando-os na filosofia natural, nos conhecimentos mecânicos e na arte, as gerações do porvir serão formadas por homens e não por leões"[39].

Terceira objeção: *A falta de um exército permanente poderia atingir fatal e imediatamente os jovens pobres da sociedade? Não estariam esses jovens fadados à criminalidade?*[40]

Resposta: O maior investimento na educação das novas e futuras gerações motivado pela economia com o fim dos exércitos nacionais lhes ofereceria verdadeiras escolhas por novos caminhos profissionais que vão além do fatídico binômio "soldado ou bandido".

Quarta objeção: *Ao participarem da referida Assembleia, os príncipes não estariam renunciando à sua soberania?*[41]

Resposta: No que concerne aos seus territórios, os príncipes continuariam soberanos como sempre foram, sem que houvesse grandes mudanças em sua soberania interna.

---

[39] *Id., ibid.*, p. 14.

[40] "[…] The third objection is, that there will be great want of employment for younger brothers of families; and that the poor must either be soldiers or thieves. I have answered that in my return to the second objection. We shall have the more merchants and husbandmen, or ingenious naturalists, if the government be but anything solicitous of the education of their youth." (*Id., ibid.*, pp. 14-5.)

[41] "[…] To the last objection, that sovereign princes and states will hereby become not sovereign; a thing they will never endure. But this also, under correction, is a mistake, for they remain as sovereign at home as they ever were. […]" (*Id., ibid.*, pp. 14-5.)

Capítulo décimo – "Dos benefícios consectários desta proposta de paz"

O último capítulo é o corolário reflexivo da obra, no qual Penn disserta sobre os benefícios advindos do cumprimento de seu "projeto de paz perpétua" pelos integrantes da Assembleia por ele imaginada. Nesse sentido, o autor elenca vários benefícios oriundos da manutenção do "estado de paz".

O primeiro benefício arrolado por Penn refere-se à busca pela paz e pela abstenção do uso da força como o cumprimento de um dever de ordem espiritual com base na doutrina cristã, o que permite constatar que o autor e sua obra são frutos de seu tempo e também de sua convicção religiosa.

Outro benefício da paz apontado pelo autor é de ordem financeira, em decorrência da contenção de gastos que seriam despendidos com a manutenção dos exércitos permanentes.

O cumprimento do projeto para se conseguir a "paz" ainda ocasionaria outros benefícios, dentre os quais se destacam: (i) maior segurança para circulação de pessoas entre territórios estrangeiros; (ii) promoção do cristianismo; (iii) e estreitamento dos laços de amizade entre os príncipes soberanos europeus[42].

Na conclusão, Penn realiza uma síntese dos argumentos apresentados no ensaio. O autor declara que tanto o "princípio da jus-

---

[42] "[…] Let it not. I pray, be the least, that it prevents the spilling of so much human and Christian blood: for a thing so offensive to God, and terrible and afflicting to men, as that has ever been, must recommend our expedient beyond all objections. For what can a man give in exchange for his life, as well as soul? And though the chiefest in government are seldom personally exposed, yet it is a duty incumbent upon them to be tender of the lives of their people, since without a doubt, they are accountable to God for the blood that is spilt in their service. So that besides the loss of so many lives, of importance to any government, both for labour and propagation, the cries of so many windows, parents and fatherless are prevented, that cannot be very pleasant in the ears of the government, and is the natural consequence of war in all government. […]" (*Id., ibid.*, p. 16.)

tiça" quanto o "princípio da prudência" deveriam estar presentes em todo e qualquer governo, em especial no continente europeu, funcionando como um guia pacífico da governabilidade das famílias, dos Estados e dos príncipes da região.

Na concepção de Penn, "os reinos e Estados impedem os homens de serem juízes de si, anulando as paixões individuais e submetendo todos às regras da justiça", o que permitiria à Europa "obter e manter a paz entre as soberanias"[43].

Ao cabo, Penn sugere a criação de um Conselho imparcial, dotado de autonomia governamental, para avaliar e julgar as questões relativas à guerra, posto que "jamais e em tempo algum" os assuntos bélicos poderiam ser objeto de vingança ou de satisfação pessoal dos soberanos.

A análise do ensaio de Penn demonstra sua preocupação com as diversas áreas da sociedade e da vida privada dos indivíduos, tendo formulado proposições de caráter individual e comunitário.

Por fim, fica claro que o autor fundamentou seu "projeto de paz" na convicção de que, por meio de uma pedagogia específica – fundamentada no pacifismo e em preceitos religiosos –, seria possível garantir a renovação do homem e, quem sabe, da humanidade.

---

[43] "I will conclude this my proposal of an European, sovereign, or imperial diet, parliament, or estates, with that which I have touched upon before, and which falls under the notice of every one concerned, by coming home to their own sovereignties. That by the same rules of justice and prudence, by which parents and masters govern their families, and magistrates their cities, and estates their republics, and princes and kings their principalities and kingdoms, Europe may obtain and preserve peace among her sovereignties. For wars are the duels of princes; and as government in kingdoms and states, prevents men being judges and executioners for themselves, overrules private passions as to injuries or revenge, and subjects the great as well as the small to the rule of justice, that power might not vanquish or oppress right, nor one neighbor act independency and sovereignty upon another. […]" (*Id., ibid.*, pp. 20-1.)

2.2. Abbé de Saint-Pierre: projeto para tornar perpétua a paz na Europa

O mais minucioso dos "projetos de paz perpétua" modernos foi, indubitavelmente, o de autoria de Charles-Irénée Castel de Saint-Pierre (1658-1743), mais conhecido como Abbé de Saint-Pierre[44].

Para a compreensão de seu projeto, deve-se considerar que, assim como a maioria dos autores citados até o presente momento, Saint-Pierre filiou-se à corrente pan-europeia do pensamento ocidental sobre a paz, sendo considerado por muitos autores internacionalistas o "pai espiritual" da União Europeia.

Com a intenção de fornecer à Europa de seu tempo[45] uma verdadeira constituição, Saint-Pierre elaborou o *Projeto de tratado para a paz perpétua entre os soberanos cristãos*[46] (1713), poste-

---

[44] "O Abade de Saint-Pierre é o segundo dos cinco filhos de uma família da pequena nobreza da Baixa Normandia. Tendo perdido a mãe aos seis anos, e inapto, por razões físicas, à formação militar, ele é conduzido a uma instrução eclesiástica onde descobre sua vocação: ele será um benfeitor da humanidade. Obcecado pelo interesse público – ou geral, como se mencionava na época – ele descobre que a política e as normas jurídicas são bem mais importantes do que a moral. Mas, sobretudo, ele convence-se de que as leis, e somente elas, poderão garantir a segurança e a paz. Essa constatação sustenta a elaboração do Projeto." (GOYARD-FABRE, S. "Introduction". *Projet pour rendre la paix perpétuelle en Europe*. Paris: Éditions Garnier Frères, 1981, p. 11, *apud* SEITENFUS, Ricardo. "Prefácio". In: SAINT-PIERRE, Abbé de. *Projeto para tornar perpétua a paz na Europa, op. cit.*, p. XXIV.)

[45] "Para o Abade, sua Europa contemporânea não estava configurada para evitar o clima de constantes guerras e para respeitar a execução dos acordos internacionais. Da mesma forma, o equilíbrio entre potências, como a França e a Áustria, era insuficiente para garantir a paz entre as nações europeias, bem como a paz interna em cada um desses países. Assim, para ele, as soberanias católicas – França, Inglaterra, Holanda, Portugal, Suíça, Florença, Gênova, Veneza, Dinamarca etc. – deveriam assinar um Tratado de União e formalizar um Congresso Perpétuo. A vinculação dos soberanos católicos à sociedade europeia impediria o mau uso do poder, desestimulando iniciativas como a invasão de outros territórios ou o bloqueio ao comércio internacional." (SARFATI, Gilberto. *Teorias de relações internacionais*. São Paulo: Saraiva, 2005, p. 78.)

[46] SAINT-PIERRE, Abbé de, *op. cit.*

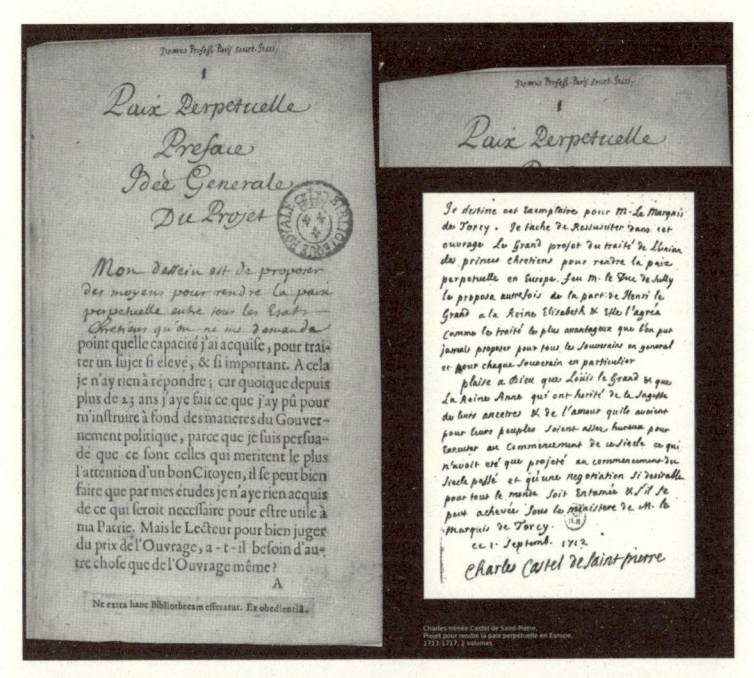

Figura VII. Primeira página do prefácio do livro *Projet pour rendre la paix perpétuelle en Europe* (*Projeto para tornar a paz perpétua na Europa*), de Charles-Irénée Castel de Saint-Pierre.
Foto: ©Ambre Troizat.

riormente sintetizado em seu *Resumo do projeto de paz perpétua* (1729). Infelizmente, ambas as versões do projeto passaram despercebidas à época.

De escrita prolixa e leitura árdua, a obra de Saint-Pierre somente obteve difusão graças ao comentário que dela fez Rousseau em suas obras *Julgamento da paz perpétua* (1761) e *Extrato do projeto de paz perpétua do Abbé de Saint-Pierre* (1768).

Do pensamento do abade infere-se uma profunda preocupação com a manutenção da política e da territorialidade da Europa[47]

---

[47] "Pretextando economizar demoradas e complexas negociações entre os plenipotenciários das potências europeias, o Abade, de fato, não esconde a sua pretensão:

por meio de uma espécie de "aliança entre os Estados soberanos cristãos" do velho continente. Para Saint-Pierre, a paz perpétua somente seria alcançada na hipótese de os soberanos respeitarem os princípios propostos em seu projeto.

Considerando a impossibilidade de realizar uma análise pormenorizada de todos os elementos do projeto, optou-se aqui por promover um estudo focado no núcleo central da obra, o qual, de acordo com o resumo (*abrége*) proposto pelo próprio abade, consiste em cinco artigos fundamentais não passíveis de alterações[48].

Apresenta-se a seguir a redação dos referidos artigos fundamentais, seguida de análise respectiva.

1º Artigo Fundamental

A partir da conclusão do projeto, os signatários alcançariam uma aliança perpétua que propiciaria a eles e a seus sucessores uma absoluta e total segurança contra as grandes desgraças das guerras estrangeiras e as grandes desgraças das guerras civis.[49]

O primeiro entre os artigos fundamentais reforça a intenção do abade, já mencionada, de zelar pela manutenção da relação de poder entre os Estados europeus. Segundo o autor, a consumação de seu projeto de paz traria a proteção aos Estados, a seus bens e seus súditos, ao garantir o respeito aos direitos hereditários.

Outrossim, é nessa passagem que o autor alega um aumento efetivo da renda nacional resultante da gradativa e substancial

---

propor um texto acabado ao qual os soberanos somente expressariam a sua adesão, aportando pequenas modificações que lhes parecem indispensáveis. Portanto, o sistema proposto orienta-se pela racionalidade da ordem política, tanto interna quanto externa." (*Id., ibid.*, p. XXXVIII.)

[48] FREY, Daniel. "La guerre et la paix perpétuelle de l'Abbé de Saint-Pierre à Rousseau". *Revue des Sciences Religieuses*, 86/4, 2012, pp. 455-73. Disponível em: <https://doi.org/10.4000/rsr.1380>. Acesso em: 20 jun. 2020.

[49] *Id., ibid.*, p. XXXVIII.

diminuição das despesas públicas com armamentos e contingente militar.

2º Artigo Fundamental

Os signatários contribuem individualmente, segundo suas possibilidades, para o financiamento dos custos coletivos da aliança.[50]

No tocante à repartição dos custos da aliança, o autor acredita que o financiamento da paz deve ficar preferencialmente sob a responsabilidade dos Estados soberanos mais ricos e desenvolvidos; porém os países mais pobres devem participar da divisão de custos de forma equitativa e proporcional, isto é, de acordo com o poder econômico de cada nação.

3º Artigo Fundamental

Os signatários comprometem-se a não lançar mão de meios bélicos para resolver seus litígios presentes e futuros e aceitam, em qualquer situação, a mediação e a arbitragem dos aliados.[51]

No referido artigo, Saint-Pierre demonstra sua aspiração ao uso da mediação e da arbitragem na solução de conflitos entre os Estados no seio de uma Assembleia Geral. Tais meios de resolução de controvérsias listados comporiam o que o autor denomina "Sistema de Paz", em contraposição ao "Sistema de Guerra", que se baseia no uso da força[52].

---

[50] *Id., ibid.*, p. XXIX.
[51] *Id., ibid.*, p. XXX.
[52] "No primeiro Discurso, mostrei que na atual constituição da Europa, isto é, no Sistema da Divisão e da Guerra, os Soberanos não possuem outra forma de decidir

Ainda, no intuito de expor as vantagens da arbitragem sobre o uso da força, o abade utiliza a ideia da interdependência entre os Estados, afirmando que, independentemente do sistema de resolução que escolhessem, até mesmo o rei da França – soberano mais poderoso à época – se encontraria em uma situação de interdependência com relação aos outros soberanos.

Além disso, o "Sistema de Paz" traria maior previsibilidade sobre as perdas e ganhos dos Estados em conflito do que o "Sistema de Guerra", no qual as perdas são incertas[53]. Da mesma forma, o uso da arbitragem reduziria o temor de novas hostilidades entre os soberanos e, consequentemente, geraria a diminuição de ataques com viés defensivo[54].

---

suas pretensões e de resolver suas controvérsias, senão pela destruição e aniquilamento de um ou outro dos Pretendentes; e que essas pretensões se repetiriam sempre, sem serem jamais efetivamente resolvidas. Isso porque *os Tratados não podem regulamentar claramente todas as pretensões futuras, e sem poder fazê-lo, os Soberanos não possuem até agora qualquer garantia, qualquer segurança suficiente do cumprimento desses Tratados.* [...] No Sistema da Paz, ao contrário, existe um meio seguro e eficaz de resolver sem Guerra todas as controvérsias: *a arbitragem perpétua dos Soberanos da Europa continuamente representados por seus deputados reunidos em um congresso perpétuo*, porque os árbitros assim unidos estarão suficientemente interessados em que seus julgamentos sejam cumpridos, e são suficientemente poderosos para realmente fazer com que o sejam, apesar da vontade e do poder daquele que deseje resistir." (*Id., ibid.*, pp. 112-3, grifos nossos.)

[53] "Se, todas as vezes que tomar as armas, o mais poderoso estiver suficientemente seguro de que o pior resultado do uso da força seria a perda dos recursos necessários para a Guerra, além dos danos sofridos por seus súditos, é possível não haver avaliado bem todas essas perdas e não havê-las comparado ao verdadeiro valor da pretensão que originou a Guerra, fosse desaconselhável correr o risco de iniciá-la. No entanto, não poderá estar seguro disso diante de seus inimigos, pois se estes tiverem suficiente superioridade na Guerra, nada os impedirá de conquistar um terço, a metade ou mesmo a totalidade de seu Estado, para ressarcir-se de perdas passadas (*sic*). Esse terrível inconveniente não existe no Sistema da arbitragem. O Soberano mais poderoso não perderá jamais nada além daquilo que for submetido a julgamento de seus árbitros. Suas despesas não serão grandes, suas fronteiras não serão atacadas, seu comércio não será interrompido e não haverá ressarcimento a fazer a seus inimigos. É preciso avaliar bem a importância desta vantagem." (*Id., ibid.*, pp. 114-5.)

[54] "As motivações mais fortes que podem levar os homens a causar mal a outrem são a cólera, o desejo de vingança, o receio de serem em breve surpreendidos e as-

Quanto à estabilidade dos Estados e de seus soberanos, Saint-Pierre entende que existe uma igual relação de interdependência entre os soberanos, na medida em que todos se submeteriam à arbitragem[55].

4º Artigo Fundamental

Todo e qualquer signatário da aliança que atentasse a sua solidez seria objeto de ações coletivas.[56]

Esse dispositivo prevê a aplicação de sanções aos Estados que não respeitam as decisões oriundas dos julgamentos e as soluções

---

sassinados, a esperança de lucrar com os despojos de seu inimigo; são esses os mesmos motivos que levarão esses Chefes de família a causar esses grandes males uns aos outros, na medida em que se sintam ofendidos. [...] Ao contrário, se vivessem sob a proteção de uma arbitragem permanente, o ofendido teria diversos motivos a menos para temer seu inimigo. 1. Não recearia mais ser surpreendido e morto por ele, porque cada qual estaria seguro de que a Arbitragem condenaria o assassino à morte. 2. Não poderia esperar enriquecer-se com os despojos de seu inimigo. 3. O desejo de vingança seria até mesmo diminuído, porque estaria seguro de que a Arbitragem lhe proporcionaria ressarcimento sem que se colocasse em perigo ao reclamá-la [...]". (*Id., ibid.*, pp. 485-6.)

[55] "Mesmo que se suponha igualdade entre essas duas espécies de dependência, esse Soberano, ao adotar o Sistema da Paz, obtém tanto quanto cede. Afinal, ao ceder aos 23 outros Soberanos o direito e a liberdade de tomar armas contra eles quando desejar, com o objetivo de ressarcir-se, os demais também lhe estarão cedendo o direito e a liberdade que tinham de tomar armas contra ele, quando desejassem, a fim de obter justiça. Ao renunciar para sempre, no Tratado da União, a tomar contra eles o caminho da força, escolhendo a via da arbitragem para resolver as controvérsias que ele e seus descendentes poderiam ter contra ele ou contra os futuros Chefes de sua Casa. Se ele lhes cede por esse Tratado o direito de serem árbitros perpétuos, direito que não possuíam, estarão estes também cedendo-lhe, por seu turno, o direito de ser árbitro perpétuo, direito que ele não possui. Assim, qualquer que seja a superioridade que esse Soberano conceda aos demais Soberanos, ao estabelecê-los como árbitros perpétuos, esses outros Soberanos também estarão dando idêntica superioridade ao estabelecê-lo como árbitro perpétuo. A mesma dependência em que ele se coloca é também a dependência em que eles se colocam." (*Id., ibid.*, p. 117.)

[56] *Id., ibid.*, p. XXII.

indicadas pela Aliança. Inclusive, de forma figurativa, Saint-Pierre compara os Estados às crianças, no sentido de que ambos necessitariam ter como perspectiva uma certeza de punição iminente que os conduza ao bom comportamento.

5º Artigo Fundamental

Artigos suplementares poderiam adicionar-se aos atuais seguindo negociações diplomáticas realizadas pelos plenipotenciários dos Estados partes. Contudo, o seu alcance jamais poderia modificar o conteúdo destes cinco artigos fundamentais.[57]

Nesse ponto o autor destaca que, apesar da natureza pétrea dos cinco artigos fundamentais, a sua regulamentação seria de competência dos Estados participantes da aliança, podendo inclusive ser realizada por meio de leis domésticas.

No que tange aos efeitos territoriais do seu projeto, Saint-Pierre acreditava na possibilidade de estendê-los para o resto do mundo por meio da expansão dos valores católicos, por ele compreendidos como comuns às soberanias da Aliança e fundamentais para o processo de integração e pacificação da Europa. Dessa forma, o triunfo do catolicismo sobre os povos bárbaros possibilitaria o "aumento da área pacífica no mundo"[58].

A análise geral das ideias sobre a paz de Saint-Pierre aponta para a minúcia e a erudição do seu projeto, assim como para a sua fundamentação religiosa. Destacam-se compreensões precoces de conceitos hoje firmados no Direito Internacional Público, como o princípio da interdependência entre os Estados e o princípio da equidade no ônus das despesas com as alianças.

---

[57] *Id., ibid.*, p. XXII.
[58] SARFATI, Gilberto, *op. cit.*, p. 79.

2.3. Jean-Jacques Rousseau: *Julgamento e Extrato do projeto de paz perpétua do Abbé de Saint-Pierre*

Inúmeras são as razões pelas quais Jean-Jacques Rousseau[59] é considerado um dos filósofos mais lidos e estudados do Ocidente. A mais importante delas talvez seja a própria qualidade literária de seus escritos, repletos de metáforas e frases de efeito que se tornaram famosas, a exemplo da passagem: "o homem nasce livre e, por toda parte, encontra-se acorrentado"[60].

Destaca-se também a abrangência do pensamento de Rousseau e sua contínua influência em movimentos históricos como a Revolução Francesa, assim como em obras de diversos autores que

---

[59] "Jean-Jacques Rousseau nasce em Genebra em 1712 e morre em Ermenonville, na França, em 1778. Sua vida coincide, portanto, com o reinado de Luís XV e com as primeiras fraturas sérias no absolutismo europeu, que culminam, na França, com o movimento revolucionário de 1789. O século XVIII assiste assim a um movimento de transformações na sociedade europeia, mas transformações travadas, de um lado, pela prevalência de uma estrutura feudal e, de outro, pelo absolutismo. Como lembra Lecercle, 'A ideologia de Rousseau foi formada em uma época pré-industrial, em uma França onde o desenvolvimento da burguesia ainda não havia apagado o seu caráter essencialmente camponês.' A riqueza vem da agricultura e os mecanismos feudais obrigam os camponeses a reservar parte substancial da colheita para os direitos do senhor feudal e os impostos reais. Em meados do século, começa o processo de cercamento dos campos, já que o progresso da agricultura exige a formação das grandes propriedades. Lecercle observa que os senhores, com a cumplicidade do poder político, encontram pretextos para se apropriar dos bens comunais. 'Os camponeses pobres, privados da possibilidade de pastar as suas vacas, protestam. O Estado Monárquico hesita, mas de modo geral favorece o interesse dos ricos contra os pobres. Em 1767, os decretos de cercamento de terras legalizam a prática, para grande prejuízo das comunidades camponesas. *O progresso material é acompanhado assim de um progresso da desigualdade, e coube a Rousseau fundar a teoria desse processo dialético*.' Não é por acaso que seu primeiro grande trabalho é justamente *Discours sur l'Origine et les Fondements de l'Inegalité parmi les hommes*, que apresenta à Academia de Dijon em 1754" (ROUSSEAU, Jean-Jacques. *Rousseau e as relações internacionais*. Trad. Sérgio Bath. Prefácio Gelson Fonseca Jr. São Paulo: Imprensa Oficial do Estado de São Paulo; Brasília: Ed. da UnB, 2003, pp. XII--XIII. Col. Clássicos Ipri, grifos nossos.)

[60] ROUSSEAU, Jean-Jacques. *Do contrato social*. Trad. Pietro Nassetti. São Paulo: Martin Claret, 2003, p. 213.

o sucederam, a exemplo de Kant, que demonstrou sua profunda admiração pelo filósofo genebrino.

Todavia, apesar de celébre por suas ideias a respeito da política e da concepção do ser humano, Rousseau é pouco conhecido pela sua contribuição para a temática da paz.

Nesse sentido, importante salientar que as ideias do autor sobre a paz devem ser entendidas em conexão com o marco maior de seu pensamento, a sua conhecida concepção sobre a natureza humana, segundo a qual "o homem nasce bom, a sociedade o corrompe", presente na obra *Do contrato social*[61]. Segundo Rousseau, uma sociedade justa e equilibrada deveria necessariamente demandar a boa conduta e a virtude nas ações dos indivíduos e das coletividades.

Assim, os argumentos rousseaunianos sobre a vida social e o fenômeno da guerra encerram-se importantes, haja vista que revelam os próprios limites da capacidade humana de autotransformação e de conquista de liberdade[62].

Uma vez que os escritos do autor sobre a guerra e a paz são relativamente fragmentados, especial atenção deve ser direcionada aos seus escritos *Julgamento do projeto de paz perpétua de Abbé de Saint-Pierre* e *Extrato do projeto de paz perpétua do Abbé de Saint-Pierre*[63], nos quais a temática aparece de forma mais sistematizada.

De fato, assim como afirmado anteriormente[64], a proposta de paz de Saint-Pierre teve inegável influência no pensamento

---

[61] *Id., ibid.*
[62] *Id., ibid.*, p. XI.
[63] Coube a Jean-Jacques Rousseau a tarefa de organizar, selecionar e editar os manuscritos de Abbé do Saint-Pierre, falecido alguns anos antes, em 1743. Rousseau, filósofo consagrado à época, aceitou tal incumbência vislumbrando ser tarefa fácil. Assustou-se quando o sobrinho do abade, o Conde de Saint-Pierre, descarregou em seu escritório 23 volumes de manuscritos.
[64] Subcapítulo 2.2.

EXTRAIT
DU PROJET
DE
PAIX PERPÉTUELLE
DE MONSIEUR L'ABBÉ
DE SAINT-PIERRE.

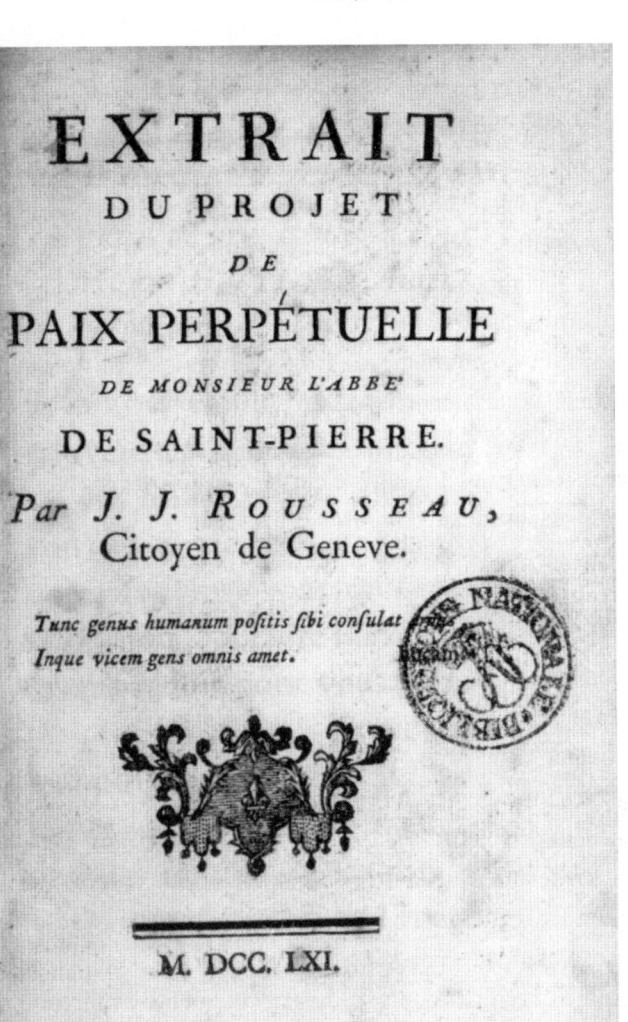

Par *J. J. ROUSSEAU,*
Citoyen de Geneve.

*Tunc genus humanum positis sibi consulat
Inque vicem gens omnis amet.*

M. DCC. LXI.

Figura VIII. Capa do livro *Extrait du projet de paix perpétuelle de monsieur l'abbé de Saint-Pierre* (Extrato e julgamento do Projeto de Paz Perpétua de l'Abbé de Saint-Pierre), de Jean-Jacques Rousseau.
Fonte: gallica.bnf.fr / Bibliothèque nationale de France.

de Rousseau, ora por funcionar como um guia para o encadeamento de suas ideias, ora por servir como objeto de suas relevantes críticas.

Nota-se que Rousseau, em seu *Extrato*, fez uma análise interpretativa dos escritos de Saint-Pierre e, a despeito de seu objetivo de ressignificar a obra, acabou por deturpar diversas ideias originais de seu antecessor.

Ocorre que o contexto histórico do projeto do abade foi diverso do momento em que Rousseau, considerando a sua relevância já naquela época, decidiu por sua reinterpretação. Nas palavras do filósofo, "o livro de Saint-Pierre sobre uma paz perpétua parece incapaz de fundá-la e desnecessário para mantê-la", todavia rebateu a crítica *in abstrato* sobre tratar-se de um sonho vazio ao afirmar ser "uma obra de julgamento sólido, que tem para nós a maior importância"[65].

O fio condutor da crítica tecida no *Julgamento* são as condições necessárias para o estabelecimento da paz entre os Estados soberanos. Nela, Rousseau considera indispensável a União com fundamento na razão e no Direito – e não na religião[66] –, demonstrando seu viés iluminista.

Além disso, Rousseau, em contraposição à Saint-Pierre, acreditava que a definição do regime político interno de um Estado era fundamental para o estabelecimento de uma relação de cooperação com seus pares. Essa visão pode ser exemplificada pelo seguinte questionamento: independentemente de terem o catolicismo como base, como poderia um regime democrático unir-se a um regime despótico[67]?

---

[65] ROUSSEAU, Jean-Jacques. "Extrato e julgamento do projeto de paz perpétua de Abbé de Saint-Pierre". In: ROUSSEAU, Jean-Jacques. *Rousseau e as relações internacionais, op. cit.*, p. 101.
[66] NODARI, Paulo César. "Rousseau e a paz". *Veritas*, v. 56, n. 3, set./dez. 2011, p. 177.
[67] SARFATI, Gilberto, *op. cit.*, p. 80.

Interessante observar que à época de Rousseau questionava-se fortemente a desigualdade entre os seres humanos e a legitimidade do absolutismo político[68]. Nesse contexto, o filósofo argumentava que a "confederação" preconizada por Saint-Pierre continuaria a padecer de imperfeições enquanto o povo não fosse, representado internamente, de forma democrática, pelos Estados, o que acabaria trazendo consequências prejudiciais às relações internacionais.

Assim, para Rousseau, o equilíbrio de poder e a paz entre os Estados não ocorreriam automaticamente, devendo antes de tudo ser trabalhados nacionalmente. Logo fossem considerados internamente legítimos, os Estados poderiam estabelecer uma relação de igualdade de soberania com seus pares, assim como se depreende da seguinte passagem:

> [...] podemos julgar o espírito com que os príncipes receberão provavelmente uma proposta que contraria um deles, e não parece mais favorável ao outro. Todos podem ver que a criação da assembleia da Europa determinará a constituição de cada Estado de forma tão inexorável quanto as suas fronteiras; *que é impossível garantir o príncipe contra a rebelião dos seus súditos sem dar garantia a estes, ao mesmo tempo, contra a tirania do príncipe*; e que, sem isso, a confederação não poderia se manter. Pergunto, assim, se haverá em todo o mundo um único soberano que, vendo-se desta forma limitado para sempre naquilo que mais preza, suportasse sem indignação a ideia de ver-se obrigado a ser justo não só com relação aos estrangeiros, mas até mesmo com seus próprios súditos.[69]

Portanto, embora façam parte da mesma perspectiva filosófica, as proposições de Rousseau para a sociedade nacional e para a

---

[68] NODARI, Paulo César, *op. cit.*, p. 168.
[69] ROUSSEAU, Jean-Jacques. "Extrato e julgamento do projeto de paz perpétua de Abbé de Saint-Pierre", *op. cit.*, p. 102, grifos nossos.

sociedade internacional eram diversas[70]. Por exemplo, o autor demostrou maior conformismo quanto à existência da guerra a marcar a vida dos homens na "sociedade de Estados", enquanto claramente defendeu o fim da guerra no âmbito nacional a partir do "contrato social".

Finalmente, o autor sugeriu a formação de uma federação composta exclusivamente pelos Estados que fossem soberanos internamente, porém armados de forma conjunta contra as agressões externas e conectados pela economia. Nesse contexto, a inovação do pensamento rousseauniano está na passagem da vontade geral que existe dentro de um Estado soberano para uma vontade universal.

A tentativa de Rousseau de atualizar a obra de Saint-Pierre acabou por consagrá-lo como um de seus grandes críticos; todavia, ao esmiuçar detalhes e possíveis falhas da obra do abade, colocou-a em evidência e acabou por impulsionar a sua releitura.

Da análise geral do pensamento de Rousseau no que tange à paz, depreende-se uma preocupação constante com a legitimidade popular interna dos Estados, anterior mesmo à busca da paz em suas relações internacionais, além da resolução de controvérsias com base no Direito e na abstenção do uso da força.

---

[70] ROUSSEAU, Jean-Jacques. *Rousseau e as relações internacionais*, op. cit., p. XI.

TERCEIRA PARTE

O PROJETO DE PAZ PERPÉTUA KANTIANO

CAPÍTULO 3

O PENSAMENTO KANTIANO

> Duas coisas enchem a alma de uma admiração e de uma veneração sempre renovadas e crescentes, quanto com mais frequência e aplicação delas se ocupa a reflexão: o céu estrelado sobre mim e a lei moral em mim.
>
> Kant

Em 1795, Kant publicou o opúsculo *Para a paz perpétua: um projeto filosófico*, cuja própria forma de concepção se mostrou inovadora, pois se tratava de um verdadeiro "anteprojeto de tratado internacional"[1] com comentários explicativos de cada um de seus artigos.

Logo no prefácio de *Para a paz perpétua*, Kant estabelece que o estado de paz da humanidade só poderá ser alcançado se apoiado em princípios racionais e morais firmes, destacando o cumprimento pelos indivíduos de três grandes etapas: uma de cunho pessoal, outra de natureza civil e finalmente uma de cunho cosmopolita. O filósofo ainda adverte o leitor de que a última etapa não terá seu fundamento na compaixão ou na caridade entre os homens, mas sim em uma constante relação de direito.

---

[1] Embora outros autores também tenham escrito "projetos de paz perpétua" (conforme citamos), o projeto kantiano acabou se tornando o mais famoso.

A análise dos projetos do Abbé de Saint-Pierre e de Jean-Jacques Rousseau – empreendida na parte anterior[2] – é essencial para a compreensão do mais célebre e influente dos projetos de paz. Isso porque, em um primeiro momento, o pleito kantiano pela paz conjugou alguns elementos das reflexões anteriormente apresentadas pelos dois autores[3].

Também, em última análise, Kant representa a primeira reação considerável ao direito das gentes clássico dos precursores do DIP, inclusive os denominando meros consoladores da ideia de "guerra perpétua"[4]:

> Fundamentam-se ultimamente em Hugo Grotius, Pufendorf, em Vattel e em outros – triste consolo! – ainda quando esses códigos, compostos sob sentidos filosófico ou diplomático, não têm nem podem ter a menor força legal, porque os Estados como tais não são submetidos a nenhuma autoridade externa comum. Citam esses juristas, sinceramente, para justificar uma declaração de guerra; contudo, não há exemplo de que um Estado se houvesse comovido com o testemunho desses homens ilustres e por isso abandonado os seus propósitos.[5]

Além de repisar os argumentos de seus antecessores, Kant não apenas avançou na elaboração de mais um "projeto de paz perpétua", mas também concebeu uma verdadeira sistematização da teoria de paz na modernidade. Dessa forma, podemos di-

---

[2] Subcapítulos 2.2. e 2.3.
[3] MARQUES, Viriato Soromenho. *História e política no pensamento de Kant*. Sintra: Publicações Europa-América, 1994, p. 92.
[4] NOUR, Soraya. *O conceito de direito internacional em Kant e sua recepção na filosofia política do Direito internacional e das relações internacionais*. 1999. Tese (Doutorado) – Faculdade de Direito da Universidade de São Paulo, São Paulo, 1999, p. 58.
[5] KANT, Immanuel. *Rumo à paz perpétua*. Trad. Heloísa Sarzana Pugliesi. Edição bilíngue. São Paulo: Ícone, 2010, p. 51.

Figura IX. Retrato de Immanuel Kant, gravura de F. W. Bollinger.

zer que o conceito de "paz kantiana" é a síntese e, ao mesmo tempo, a consequência de uma multiplicidade de pressupostos, todos eles organizados em uma edificação de teorias sucessivas que se complementam e formam um todo coeso.

Como é sabido, o filósofo de Königsberg[6] é dono de uma vasta e profícua produção filosófica – com uma redação pouco atraen-

---

[6] "Immanuel Kant nasceu em 1724, em Königsberg, na Prússia Oriental. Integrante de uma modesta e numerosa família de artesãos, recebeu de sua mãe educação

te[7] e meticulosa, diga-se de passagem. Afirma-se que, ao longo de sua vida, procurou metaforicamente construir um "edifício da filosofia", cujos andares pudessem oferecer respostas aos principais questionamentos humanos[8]. Dentro dessa arquitetura kantiana, o último andar da construção é representado pela obra *Para a paz perpétua: um projeto filosófico*[9].

Assim, em virtude da sistematicidade do pensamento kantiano, a análise do opúsculo kantiano só é possível a partir da compreensão de alguns conceitos anteriores que ajudaram a formar

---

segundo os princípios do pietismo, corrente radical do protestantismo prussiano. [...] Entre 1740 e 1747, estudou na Universidade de sua cidade frequentando os cursos de Ciência e Filosofia. No período de 1747 a 1754, experimentou grandes dificuldades financeiras, tendo de trabalhar como preceptor. Apesar das condições desfavoráveis, prosseguiu nos estudos, obtendo o título de doutor. Em 1755, passou a lecionar na Universidade de Königsberg como livre-docente. Mais tarde, em 1770, passou no concurso para professor ordinário com a dissertação *De mundi sensibilis atque intelligibilis forma et principiis* (Sobre as formas e os princípios do mundo sensível e do mundo inteligível). Uma das características mais marcantes do caráter moral desse autor, além de metódico e sistemático, foi sua aversão por carreirismo, renunciando qualquer forma de adulação. Kant se concentrava em sua pesquisa filosófica, de forma totalmente desinteressada em relação a qualquer possibilidade de fama ou riqueza. Segundo estudiosos de sua biografia, por volta de 1778 chegou a receber um convite por parte do barão Von Zedlitz para assumir uma cátedra em Halle, o que lhe renderia um pagamento pelo menos três vezes maior do que o de Königsberg. Kant recusou tal oferta e com ela outra referente a um cargo público vinculado à mencionada cátedra." (BRUM, Clara Maria Cavalcante; TROTTA, Wellington. "A liberdade como fundamento do pensamento político-jurídico kantiano". *Revista Achegas*, n. 36, jul./ago. 2007, pp. 2-3. Disponível em: <http://www.achegas.net/numero/36/claratrott_36.pdf>. Acesso em: 20 ago. 2020.)

[7] Da análise cronológica das obras de Immanuel Kant, nota-se que, com a chegada da maturidade, o filósofo deixa de lado sua preocupação excessiva com a forma dos textos que apresenta ao leitor.

[8] Pode-se dizer que Immanuel Kant se aprofundou nas grandes áreas do conhecimento, tais como a ciência, a moral e a religião.

[9] Não há uma tradução uniforme para o opúsculo kantiano, sendo encontradas diversas variações para a tradução do alemão de *Zum ewigen Frieden. Ein philosophischer entwurf*, entre as quais se podem destacar: *Paz perpétua, Para a paz perpétua, Sobre a paz perpétua, Rumo à paz perpétua* ou, ainda, *Contribuições para o problema da paz*.

seus alicerces, motivo pelo qual, antes de analisarmos o projeto de paz perpétua de Kant e seus desdobramentos na teoria e na prática do Direito Internacional contemporâneo – análise empreendida posteriormente[10] –, faz-se necessário, mesmo que de forma sintética, apresentar uma ordenação temática das principais obras que possam contribuir para uma introdução geral do pensamento do filósofo.

Iniciando-se pelos escritos[11] pré-críticos de Kant, que compreendem sua produção da juventude em conjunto com aquela decorrente de sua atividade docente na Universidade de Königsberg. Desse período, merecem destaque seu estudo cosmológico *História universal da natureza e teoria do céu* (1755), fortemente influenciado pela leitura de Leibniz e Newton, e sua tese de titularidade para a cátedra de Lógica e Metafísica intitulada *Dissertação sobre as formas e os princípios do mundo sensível e do mundo inteligível* (1770), comumente citada como *Dissertação 1770*.

Ao longo de sua trajetória, pode-se notar que o filósofo foi progressivamente desviando seu foco de investigação, da física para a metafísica transcendental, confessando ter sido a: "advertência de David Hume que, há muitos anos, interrompeu o meu sono dogmático e deu às minhas investigações no campo da filosofia especulativa uma orientação inteiramente diversa"[12].

A exemplo de Nicolau Copérnico que, para superar os impasses de uma crise da astronomia, inverteu o geocentrismo e acabou concebendo o modelo heliocêntrico, Kant, em analogia, inverteu o método tradicional da filosofia com sua *Crítica da razão*

---

[10] Subcapítulo 3.2.
[11] Nesse período, a temática kantiana resume-se basicamente ao estudo da Física, da Lógica, da Matemática e das Ciências Naturais.
[12] KANT, Immanuel. *Prolegômenos a toda metafísica futura*. Trad. Arthur Morão. Lisboa: Edições 70, 2008, p. 17.

pura (1781), ao afirmar que, antes de procurar conhecer as coisas, é preciso examinar o próprio conhecimento e suas possibilidades. Isso porque, para Kant, os "juízos verdadeiros" são aqueles necessários e universais, também denominados imperativos, os quais, uma vez aplicados, se tornam categóricos. Um imperativo categórico, na linguagem kantiana, é aquele que independe da "sorte" da experiência, sendo ao mesmo tempo particular e contingente[13].

Sobre o imperativo categórico, Kant leciona:

> Da distinção entre o conhecimento teórico e o conhecimento prático.
>
> Conhecimentos práticos são:
> 1) Imperativos e, enquanto tais, contrapõem-se aos conhecimentos teóricos; ou contêm:
> 2) os fundamentos para possíveis imperativos e, nessa medida, são opostos aos conhecimentos especulativos.
>
> Por imperativo entender-se-á, em geral, toda proposição que expressa uma ação livre possível, pela qual se deve alcançar realmente um certo fim. Por conseguinte, todo o conhecimento que contém imperativos é prático, e deve decerto chamar-se prático em oposição ao conhecimento teórico.
>
> Mas este valor só é incondicionado quando o fim a que se dirige o uso prático do conhecimento é um fim incondicionado. O único fim incondicionado e derradeiro (fim último) a que, no fim de contas, se deve referir todo o uso prático do nosso conhecimento é a moralidade.[14]

Ainda no tocante ao imperativo categórico e aos seus desdobramentos na razão prática – uma dimensão da racionalidade

---

[13] SALGADO, Karine. *A paz perpétua de Kant:* atualidade e efetivação. Belo Horizonte: Mandamentos, 2008, pp. 42-5.

[14] KANT, Immanuel. *Lógica.* Trad. Arthur Morão. Lisboa: Texto e Grafia, 2009, p. 86.

que é diversa da razão teórica –, Kant parte do pressuposto de que o homem é provido de um dado precedente, uma forma *a priori* da razão prática, que, em última análise, é um valor absoluto que não consegue negar a existência do *dever*, constituindo um imperativo categórico sob a seguinte fórmula[15]: "age de tal modo que a máxima de tua vontade possa sempre valer como princípio de uma legislação universal"[16].

Com base na fórmula do imperativo categórico, podemos extrair duas características que lhe são inerentes: a universalidade e o caráter de necessidade que é imposto à ação.

A contribuição da moral em Kant reside no esforço que cada ser humano deve fazer para submeter a sua natureza às exigências do "dever ser", no sentido de que a chave para o fim de todos os conflitos está na consciência e, por conseguinte, no respeito a todos os indivíduos como seres detentores de dignidade.

A filosofia kantiana apresentou implicações morais e políticas acerca da história. Os escritos de Kant lançaram luz sobre uma outra análise da história da humanidade, aquela que parte do ponto de vista universal e cosmopolita.

Em *Começo conjectural da história humana* (1786), o filósofo discorreu sobre o passado do homem com o intuiro de compreender seu futuro, tendo como fio condutor as primeiras páginas da Bíblia. Ao estilo kantiano, a narrativa das origens não é feita de forma dogmática, sendo submetida a uma reconstituição racional.

Com a referida obra, Kant se lançou a mostrar como as fases da narrativa em Gênesis simbolizam etapas de evolução na história do homem: da tutela do "estado de natureza" para o "estado de

---
[15] LEITE, Flamarion Tavares. *10 lições sobre Kant*. Petrópolis: Vozes, 2007, p. 56.
[16] KANT, Immanuel. *Crítica da razão prática*. Trad., introd. e notas Valerio Rohden. São Paulo: WMF Martins Fontes, 2016, p. 51.

liberdade". Sob a epígrafe "Observação Final", Kant apresentou a condição histórica do homem com base em sua responsabilidade diante da felicidade, do mal e do progresso, *in verbis*:

> Este é o resultado de uma história humana primitiva, intentada com a ajuda da Filosofia: satisfação com a providência e com o curso geral das coisas humanas, que não transcorre do Bem para o Mal, mas que, pouco a pouco, se desenvolve do pior para a melhor. Para esse progresso cada um é chamado pela natureza a contribuir com a parte que lhe corresponda e segundo a medida de suas forças.[17]

A passagem do homem do "estado de natureza" para o "estado de direito" conta com o aporte do Direito, que é, para Kant, um conjunto de condições que faz coexistir o arbítrio de cada um, segundo a lei universal da liberdade. Kant confiava mais no regime do império da lei do que nos comandos e caprichos dos governantes.

A desconfiança de Kant quanto ao "governo dos homens" não se traduz em pessimismo; pelo contrário, o filósofo revelou-se otimista quanto ao progresso da humanidade, com a ressalva de que as reformas implantadas por um governante deveriam ser contidas pelas leis emanadas de um Legislativo escolhido entre os melhores da população.

Dentro do pensamento político-filosófico de Immanuel Kant, a liberdade individual tem como condição de existência o Direito, isto é, o desenvolvimento da liberdade se dá no âmbito de um sistema jurídico. A centralidade do Direito na análise kantiana da História consiste na relevância da liberdade, por ele garantida,

---

[17] KANT, Immanuel. *Começo conjectural da história humana*. Trad. Edmilson Menezes. São Paulo: Unesp, 2010, p. 39.

como *conditio sine qua non* do progresso histórico para o melhor da humanidade[18] e para a paz perpétua.

Portanto, de uma forma geral, pode-se afirmar a existência de dois fios condutores do pensamento kantiano: (i) o homem como valor absoluto e dotado de dignidade; e (ii) a liberdade como condição para a efetivação da paz.

Por fim, vale mencionar que as análises kantianas da Ética foram condensadas em três principais obras, a saber, *Fundamentação da metafísica dos costumes* (1785) e *Crítica da razão prática* (1788), que tratam da ética no sentido puro, e *Metafísica dos costumes* (1797), que consiste em uma tentativa de aplicação dos princípios éticos.

Importa ressaltar que em *Metafísica dos costumes*, Kant deixou claro, ao contrário do que alguns autores defendem, que seu projeto de paz não consistia em uma quimera, sendo passível de execução, *in verbis*:

> Porque, que coisa há de ser mais metafisicamente sublime, se assim se pode dizer, do que essa mesma Ideia que, confessada por eles mesmos, alcança um valor objetivo inquestionável e inquestionado; Ideia que a experiência confirma e a única que, não ensaiada nem introduzida na prática pela violência das revoluções, isto é, pelo transtorno de uma constituição defeituosa [...] mas, ao contrário, realizada por meio de uma reforma lenta, insensível e segundo princípios firmes, pode conduzir à paz perpétua, por meio de uma aproximação perpétua do soberano bem político!"[19]

---

[18] "Ora afirmo que posso predizer ao gênero humano, mesmo sem o espírito de um visionário, segundo os aspectos e os augúrios dos nossos dias, a consecução deste fim e, ao mesmo tempo, *a sua progressão para o melhor e não mais de todo regressiva*." (KANT, Immanuel. *O conflito das faculdades*. Trad. Arthur Mourão. Lisboa: Edições 70, 1993, p. 105, grifos nossos.)

[19] KANT, Immanuel. *Metafísica dos costumes*. Trad. Edson Bini. São Paulo: Folha de S.Paulo, 2010, pp. 206-7. Col. Folha: Livros que Mudaram o Mundo.

Ademais, a paz perpétua de Kant não tinha como fundamento a compaixão ou a caridade entre indivíduos e Estados, mas sim uma constante relação de Direito entre eles, relação essa intrínseca ao desenvolvimento de uma perspectiva racional da história da humanidade. Sob a ótica kantiana, o Direito surgiu dentro dos limites da razão e da moral para se transformar em uma legislação universal, cujo fim seria a paz perpétua entre as nações.

Seria na paz perpétua que a humanidade atingiria sua moralidade mais perfeita, pela eliminação da violência e, por conseguinte, obteria a felicidade diante da ausência de guerras. Ao se autoquestionar sobre o "que se poderia esperar enquanto membro da sociedade humana"[20], Kant respondeu: a paz perpétua como a realização da justiça, nas nações e entre as nações.

Ressalta-se que o olhar de Kant sobre as grandes transformações de sua época, a visão de mundo por ele desenvolvida e sua utopia racionalista e ponderada[21] constituem fonte de inspiração valiosa para o Direito Internacional contemporâneo, assim como será visto adiante[22].

Realizadas essas breves análises sobre o edifício filosófico kantiano, passa-se agora ao exame do seu projeto de paz perpétua.

---

[20] SALGADO, Joaquim Carlos. "Kant: revolução e reforma no caminho da Constituição Republicana: a paz perpétua". In: TRAVESSONI, Alexandre. *Kant e o direito*. Belo Horizonte: Mandamentos, 2009, p. 70.

[21] MELLO, Sérgio Vieira de. "História filosófica e real: atualidade do pensamento político de Kant". In: MARCOVITCH, Jacques (Org.). *Sérgio Vieira de Mello*: pensamento e memória. São Paulo: Saraiva, 2004, p. 36.

[22] "Vislumbramos na postulação kantiana inscondível contributo para as novas concepções acerca de um direito que tenha por finalidade a justiça social, posto que se impõem com o primado de sua doutrina jurídica a noção de dignidade humana e um ideal de vida racional para a humanidade. Com isso, a filosofia do direito de Kant parece culminar em uma filosofia da história, porquanto *uma república universal, condição da paz perpétua, não é apenas objetivo da doutrina do direito, mas o próprio devir histórico da humanidade*". (LEITE, Flamarion Tavares, *op. cit.*, p. 127, grifos nossos.)

3.1. O projeto filosófico para a paz perpétua

A presente seção busca expor de forma pontual o projeto kantiano, dividindo-o em quatro partes. Como realizado no capítulo anterior, serão transcritos a seguir trechos traduzidos do original, seguidos de breves análises. Mas antes disso, o título da obra merece atenção especial.

A inspiração de Kant para o termo "*pax perpetua*" teria sido a inscrição satírica de uma pintura que representava um cemitério, dedicando-na "aos 'homens' em geral, ou especialmente aos governantes, nunca fartos de guerra, ou talvez somente aos filósofos, envoltos na fruição do doce sonho de paz?"[23] Portanto, a ideia de que somente no cemitério a humanidade alcançaria a paz perpétua parece ter impulsionado Kant a escrever sobre a temática.

Outra análise possível acerca do título do opúsculo kantiano dá-se por meio da própria construção linguística utilizada pelo autor em *Para a paz perpétua*. A palavra "perpétua" em questão não possui uma função sintática acessória na nomenclatura de seu projeto, sendo, antes de um tudo, um elemento imprescindível dele[24].

3.1.1. Apresentação dos artigos preliminares

Nos seis primeiros artigos do projeto, denominados "*artigos preliminares para uma paz perpétua entre os Estados*", o filósofo traz uma série de condições que colaborariam para instituir a paz entre as nações, tais como: a redução sucessiva de tropas (exércitos), a não contração de dívidas externas, a não intervenção na constituição e no governo de outros Estados e, finalmente, evitar a todo custo qualquer hostilidade que impossibilite um futuro acordo de paz.

---

[23] KANT, Immanuel. *Rumo à paz perpétua, op. cit.*, p. 19.
[24] ROHDEN, Valério (Org.). *Kant e a instituição da paz*. Porto Alegre: Ed. da UFRGS/ Goethe Institut/ICBA, 1997, p. 13.

Segue uma breve apresentação de cada artigo preliminar do projeto kantiano.

1º Artigo Preliminar

Não se deve considerar como válido um tratado de paz que se tenha ajustado com a reserva mental de certos motivos capazes de causar no futuro outra guerra.

Um tratado nunca deve ser interpretado como um simples armistício, ou seja, um mero adiamento das hostilidades, uma vez que Kant veda expressamente a utilização de reservas aos tratados, no sentido contemporâneo do termo[25]. Isso porque as reservas aos tratados geralmente são imbuídas de má-fé e acabam sendo utilizadas na primeira oportunidade pelo próprio Estado que as impôs.

2º Artigo Preliminar

Nenhum Estado independente – pequeno ou grande, pouco importa – poderá ser adquirido por outro Estado mediante herança, troca, compra ou doação.

Tem-se claramente nessa disposição a ideia de soberania. O Estado não é um patrimônio privado. Portanto, não poderá o Estado – personalidade jurídica pública – ser herdado, trocado, comprado ou doado. Insta ainda dizer que o filósofo tratou de asseverar que a soberania conferida ao Estado propicia o direito de comando – governo – e a disposição de seu território.

---

[25] Reserva é uma declaração unilateral realizada por um Estado ao assinar, ratificar ou aderir a um tratado, desobrigando-se do cumprimento de determinada cláusula.

Figura x. Primeira edição de *Zum ewigen Frieden: Ein philosophischer Entwurf* (*À Paz Perpétua: um projeto filosófico*), de Immanuel Kant, de 1795.

3º Artigo Preliminar

Os exércitos permanentes (miles perpetuus) devem, com o tempo, desaparecer completamente.

Para Kant, os exércitos deveriam ser abolidos, pois incitam tacitamente a guerra, estando sempre preparados para o ato beligerante. Ainda em favor da abolição dos exércitos permanentes, o filósofo aventa razões de ordem utilitária, tais como a despesa excessiva com a manutenção do contingente militar, além da própria questão moral do uso do soldado como instrumento, o que desconsidera sua dignidade[26].

4º Artigo Preliminar

Não deve o Estado contrair dívidas nacionais que tenham por objetivo sustentar interesses políticos exteriores.

Aqui, devemos entender que o Estado até pode contrair empréstimos, obtendo ajuda fora ou dentro de suas fronteiras em favor de sua economia interna, por exemplo, para fomentar a melhoria de suas estradas, saneamento básico etc.

Contudo, jamais deverá o Estado contrair dívidas exorbitantes, pois sua falência econômica poderá enfraquecê-lo e propiciar uma fragilidade em face daqueles que queiram tirar vantagem dessa situação desfavorável, o que invariavelmente levará ao perigo iminente da guerra.

---

[26] BOBBIO, Norberto. *Direito e Estado no pensamento de Immanuel Kant.* Trad. Alfredo Fait. Brasília: Ed. da UnB, 1984, p. 256.

5º Artigo Preliminar

Nenhum Estado deve praticar ingerências pela força na constituição e no governo de outro Estado.

Mais uma vez, o filósofo reitera o princípio da não intervenção, ao condenar toda e qualquer forma de interferência em assuntos internos que não seja prevista em tratado que vincule os Estados em questão. Portanto, nenhum instituto moral, político ou jurídico poderá autorizar um Estado a se intrometer na soberania de outro.

Importante dizer que Kant traz uma exceção a esse artigo, ao admitir o direito de intervenção em um Estado que, por motivo de guerra civil, tenha se desfacelado, não mais podendo ser considerado um Estado pela situação de anarquia em que se encontra[27].

6º Artigo Preliminar

Nenhum Estado em guerra com outros deve usar de hostilidades que impossibilitem a confiança recíproca na paz futura, como, por exemplo: o emprego no Estado inimigo de assassinos ("percussores"), de envenenadores ("venefici"), a violação de uma capitulação, a excitação à traição ("perduellio") etc.

Para Kant, todos os estratagemas anteriormente arrolados são desonrosos; mais especificadamente, são imorais. Em suas próprias palavras:

> [...] alguma confiança no modo de pensar do inimigo deve remanescer mesmo em meio à guerra, pois, do contrário, nenhuma paz poderia ser concluída, e as hostilidades resultariam numa

---

[27] Id., ibid., p. 257.

guerra de extermínio (bellum internecinum); a guerra é por certo apenas o triste meio necessário no estado de natureza (em que não há nenhum tribunal que poderia julgar com força do direito), para afirmar pela violência o seu direito; em que nenhuma das duas partes pode ser declarada inimigo injusto (porque isto já pressupõe uma sentença jurídica); porém é o seu desenlace (como num dos assim chamados juízos de Deus) que decide de que lado se encontra o direito; entre os Estados, todavia, não é dado conceber qualquer guerra de punição (*bellum punitivum*) (porquanto entre eles não se verifica nenhuma relação de um superior com um subordinado).[28]

Entre esses atos, Kant cita o recurso a assassinato, envenenamento, espionagem, ruptura de capitulação e instigação à traição. Disso se depreende que o uso de meios desonestos transformaria qualquer guerra em "guerra de extermínio" (*bellum internecinum*), a qual é inerentemente ilícita.

Além da guerra de extermínio, Kant também considera ilícitas as seguintes condutas:

(i) a guerra de punição, por pressupor uma relação superior-inferior, uma vez que todos os Estados são iguais entre si; e
(ii) a guerra de conquista, porque a obstrução da liberdade de um povo tem como efeito o aniquilamento moral do Estado.

3.1.2. *Apresentação dos artigos definitivos*

Os "artigos definitivos" são considerados os núcleos imutáveis do projeto, sem os quais, em hipótese alguma, seria possível alcançar a paz desejada por Kant.

---

[28] KANT, Immanuel, *apud* GUINSBURG, J. (Org.). *A paz perpétua*: um projeto para hoje. Trad. J. Guinsburg. São Paulo: Perspectiva, 2004, p. 36, grifos nossos.

O filósofo tratou de enunciar três artigos definitivos, a saber:

1º Artigo Definitivo de um Tratado de Paz Perpétua
A constituição política deve ser, em todo Estado, republicana

Na ótica kantiana, uma constituição civil republicana é *conditio sine qua non* para o êxito do resultado tão almejado pelo seu projeto, qual seja: a paz. Segundo o filósofo, somente uma constituição republicana pode assegurar a liberdade do indivíduo de forma a não comprometer a liberdade dos outros membros da sociedade, trazendo garantias de coercibilidade e promovendo a imparcialidade com apoio em suas instituições republicanas – legislativas, judiciárias e executivas.

Para além dessa questão institucional, a constituição republicana seria a única que possibilitaria o consentimento dos cidadãos, por meio de seus representantes, para as definições relacionadas à guerra, que, segundo Kant, acabaria por prevenir as hostilidades[29].

Ao comentar a relação da paz com o republicanismo, Kant afirma que não se trata de mensurar o grau de probabilidade do alcance final da paz perpétua, mas sim de agir constantemente como se ela fosse realizável por meio da constituição mais apropriada para tal fim, o que colocaria ocasionalmente um fim à lastimável empreitada da guerra[30].

---

[29] "Em uma Constituição republicana é inevitável o consentimento dos cidadãos para se decidir sobre a declaração de uma guerra, e é muito natural que eles tenham grande hesitação em embarcar em tão perigosa empresa. Tal decisão significaria trazer para si todas as misérias da guerra [...] Em uma Constituição na qual o assunto não é da alçada dos cidadãos, e por isso não é republicana, entrar em guerra é a coisa mais simples do mundo." (KANT, Immanuel *apud* NOUR, Soraya. *À paz perpétua de Kant*: filosofia do direito internacional e das relações internacionais. São Paulo: WMF Martins Fontes, 2004, Prefácio, p. XVI.)

[30] "[...] não se trata de saber se a paz perpétua é possível na realidade ou não, nem se nos enganamos em nosso juízo prático quando opinamos pela afirmativa, mas sim que devemos proceder como se este suposto, que talvez não se realizará, devesse, no entanto, realizar-se [...] e tratar de estabelecer entre nós, dando a constitui-

2º Artigo Definitivo de um Tratado de Paz Perpétua
O direito das gentes (jus gentium) deve ser fundado necessariamente numa federação de Estados livres

Segundo Kant, a "razão prática"[31] dos homens forçaria os Estados a abandonarem o "estado natural" que provoca as guerras e, com o objetivo de evitá-las, os Estados fundariam uma ordem legal internacional.

Importa esclarecer que, para Kant, indivíduos e Estados são ambos "agentes morais", isto é, possuem personalidade moral, além da obrigação de deixar o "estado de natureza" em busca de um "estado de direito". A despeito das diferenças entre esses dois tipos de agentes morais, especialmente aquela que concede vontade juridicamente soberana apenas aos Estados[32] e não aos indivíduos, Kant entende que a humanidade só alcançaria a paz após duas grandes etapas de abandono:

(i) do "estado de natureza pelos indivíduos", por meio da constituição dos Estados modernos; e
(ii) do "estado de natureza pelos Estados", por meio da constituição de uma sociedade jurídica universal.

ção (talvez o republicanismo de todos os Estados em conjunto e em particular) que nos pareça mais própria para alcançar esse fim e pôr termo à guerra execrável". (KANT, Immanuel. *Doutrina do direito*. Trad. Edson Bini. 2ª ed. São Paulo: Ícone, 1993, pp. 205-6.)

[31] Capítulo 3.

[32] "While individuals and states are both moral agents, with resultant moral obligations to leave their respective states of nature, they are not tokens of the same type. The crucial difference between them is that individuals' wills are juridically non-sovereign, whereas states wills are juridically sovereign". (FLIKSCHUH, Katrin. "Kant's Sovereignty Dilemma: a Contemporary Analysis". *Journal of Political Philosophy*, v. 18, n. 4, 2010, p. 480.)

A institucionalização das relações internacionais entre os Estados, na visão kantiana, deveria ocorrer com base no Direito Internacional e por meio de uma federação que incluísse todos os Estados do globo. Essa federação de Estados preservaria a soberania de seus membros, ao mesmo tempo que possibilitaria uma relação de reciprocidade e de representatividade. Nas palavras do filósofo:

> Todo Estado pode e deve afirmar a sua própria estabilidade, sugerindo aos demais para que formem com ele uma espécie de constituição, semelhante à constituição política, que garanta o direito de cada um. Isto seria uma Sociedade de nações, à qual, contudo, não deverá ser um Estado de nações.[33]

Assim, como será visto adiante, a concepção das duas organizações internacionais de natureza universal – a Sociedade das Nações (posteriormente dissolvida) e a Organização das Nações Unidas – teve forte inspiração nos ideais kantianos, em especial na sua ideia de uma federação de Estados.

3º Artigo Definitivo de um Tratado de Paz Perpétua
O direito cosmopolítico deve circunscrever-se
às condições de uma hospitalidade universal

Há de se dizer que o terceiro artigo definitivo do projeto kantiano é um dos mais relevantes para o Direito Internacional na contemporaneidade, por trazer as noções de Direito Cosmopolítico e de hospitalidade universal[34].

---

[33] KANT, Immanuel. *Rumo à paz perpétua, op. cit.*, p. 49.
[34] Para mais informações sobre a relevância do terceiro artigo definitivo, consultar: NOUR, Soraya. *O conceito de direito internacional em Kant e sua recepção na filosofia política do direito internacional e das relações internacionais*, op. cit., pp. 104-13.

Segundo Kant, a efetivação do Direito Cosmopolítico seria condicionada a uma época da História em que a violação do direito ocorrida num ponto da Terra seria sentida em todos os demais pontos terrestres[35]. Já a hospitalidade universal prescreve que um estrangeiro que entre em outro país tem o direito a não ser tratado de forma hostil, ou seja, enquanto o estrangeiro comportar-se de maneira amistosa em território alheio, não deverá ser tratado com hostilidade.

Importante salientar que muitos autores tratam, inadvertidamente, o Direito Cosmopolítico como uma espécie de "direito de visita" ou "direito de permanência". Contudo, Kant advertiu expressamente que o Direito Cosmopolítico não se trata de filantropia, pertencendo à esfera jurídica. Esse ideal de hospitalidade universal continua a influenciar diversas áreas do Direito Internacional Público, em especial o Direito dos Refugiados e Apátridas e o Direito Internacional dos Direitos Humanos.

Assim como ainda será discutido[36], o projeto de paz kantiano teve forte impacto na elaboração da Declaração Universal dos Direitos Humanos de 1948, uma das mais fortes expressões do Direito Cosmopolítico, que pretende um alcance universal da proteção à dignidade dos indivíduos[37].

---

[35] TRINDADE, Luciano José. *À paz perpétua de Kant e a sociedade internacional contemporânea*. Ijuí: Unijuí, 2010, p. 300. Col. Relações Internacionais e Globalização.
[36] Subcapítulo 3.2.1.
[37] "A concepção de Kant sobre o direito cosmopolita é até hoje fundamental para a análise e discussão sobre uma política universal de direitos humanos e a possibilidade de compatibilizar os princípios jurídicos do não intervencionismo e da intervenção humanitária. É justamente a sensibilidade em relação à violação dos direitos, presente na época histórica da criação da ONU, que leva à Declaração Universal. Esta é uma expressão do potencial do *jus cosmopoliticum*, de um direito novo, atento no plano internacional à relevância axiológica de se respeitar a dignidade da pessoa humana". (TRINDADE, Luciano José, *op. cit.*, pp. 300-2.)

3.1.3. *A garantia e o artigo secreto para a paz perpétua: suplementos*

Kant inova, mais uma vez, em relação aos demais projetos, ao trazer, no final de sua proposta para a paz perpétua, o que ele mesmo denominou "suplementos": uma garantia e um artigo secreto, como veremos a seguir.

Primeiro Suplemento
Da garantia da paz perpétua

O filósofo assevera que a garantia da paz perpétua nada mais é do que a natureza, que, por meio de seu curso mecânico, demonstra um objetivo claro, o qual ele chama de "destino", relacionando-o ao resultado, ou, ainda, de "providência", relacionando-o à finalidade, os quais visam à harmonia e à concórdia entre os homens[38].

> [...] o fim moral, é uma ideia que, no sentido teórico, se apresenta como transcendente; mas, no sentido prático, por exemplo, em relação ao conceito de dever de paz perpétua, para utilizar a seu favor o mecanismo da natureza – é dogmática, fundamentando-se perfeitamente bem na sua realidade. O uso da palavra natureza, tratando-se, como aqui se trata, de teoria e não de religião, é mais próprio da limitação da natureza humana (que há de se manter dentro dos limites da experiência possível, em tudo que se refere à relação das causas com efeitos [...].[39]

Kant traz à luz três disposições da natureza que seriam garantidoras da paz perpétua e guardam estreita correlação com os artigos definitivos, como se poderá observar a seguir.

---

[38] KANT, Immanuel. *Rumo à paz perpétua*, op. cit., p. 67.
[39] *Id., ibid.*

Primeira disposição transitória da natureza
Cuidou ela que os homens possam viver em todas as partes do mundo.

Segunda disposição transitória da natureza
Distribuiu-os, por meio da guerra, em todas as regiões, mesmo nas mais inóspitas, para que as povoem e habitem.

Terceira disposição transitória da natureza
Por meio da própria guerra, obrigou os homens a entrarem em relações mútuas mais ou menos legais.

Diferentemente do que ocorre com os artigos no projeto, Kant utiliza-se de uma estrutura narrativa neste primeiro suplemento promovendo o entrelaçamento de ideias com a primeira parte do opúsculo, declarando que a guerra teve como efeitos a promoção da migração dos homens, até mesmo para lugares inóspitos, o que permitiu o povoamento da Terra.

> Tendo a natureza providenciado para que os homens "possam" viver em qualquer parte da terra, quis também, com vontade despótica, que efetivamente "devam" viver em todas as partes, mesmo contrariando sua inclinação. Este dever não implica certamente uma obrigação moral; mas a natureza, para conseguir o seu propósito, escolheu um meio: a guerra.[40]

Contudo, novamente cuida de destacar que a formação de uma união federativa de Estados impediria hostilidades, tendo em vista que essa "federação" serviria de elemento unificador e teria por objetivo de longo prazo tornar menos bélica a sociedade

---
[40] KANT, Immanuel. *Rumo à paz perpétua*, op. cit., p. 73.

internacional e, até mesmo, evitar a guerra no processo de solução de conflitos.

Para Kant, o único artigo secreto possível para a paz perpétua se encerra na proposição a seguir transcrita, pois: "diferentemente dos políticos e soberanos, os filósofos falarão espontaneamente, caso não sejam proibidos de assim proceder".

Segundo Suplemento
Artigo secreto para a paz perpétua

As máximas dos filósofos sobre as condições da possibilidade da paz pública devem ser sempre levadas em conta e estudadas pelos Estados passíveis de um estado latente de guerra.

Não se deve olvidar que Kant inaugura a fase conhecida como a do esclarecimento na modernidade, com seu texto sobre o que viria a ser o Iluminismo. Portanto, essa percepção esposada em seu artigo secreto para a paz perpétua coaduna-se perfeitamente com o sistema de pensamento do filósofo, resgatando inclusive a ideia dos reis filósofos de Platão, *in verbis*:

> Não se espera que os reis se tornem filósofos, nem que os filósofos sejam reis. Tampouco, não se deve desejá-lo; a posse da força prejudica inevitavelmente o livre exercício da razão. Mas se os reis ou os povos príncipes – povos que se regem por leis de igualdade –, não permitem que a classe dos filósofos desapareça ou emudeça; se os deixam falar publicamente, conseguirão no estudo de seus problemas certos esclarecimentos e precisões dos quais não se pode prescindir. Os filósofos são por natureza inadaptáveis a trampolinagens e propagandas de salão; não são, portanto, suspeitos de proselitismo.[41]

---
[41] KANT, Immanuel. *Rumo à paz perpétua*, op. cit., p. 85.

3.1.4. *Do desacordo entre a moral e a política em relação à paz perpétua e da harmonia estabelecida pelo conceito transcendental: apensos*

Em seus dois apensos à paz perpétua, Kant em ato contínuo aos suplementos continua a enfatizar a importância da relação entre o intelecto e o poder para a sedimentação da paz entre as nações.

É possível depreender da leitura dos apensos que, para Kant, seu projeto somente alcançará o sucesso desejado na hipótese do estabelecimento de um canal "direto" de comunicação entre os intelectuais e os governantes de cada Estado.

A seguir, apresentam-se brevemente as ideias centrais dos apensos do projeto kantiano.

Apenso I
Acerca do Desacordo entre a Moral e a Política em Relação à Paz Perpétua

O primeiro apenso tem por objetivo demonstrar que a moral para Kant deve ser uma ciência prática, delineando-se como o conjunto de leis peremptórias segundo as quais devemos sempre agir[42], tal qual a passagem em destaque ilustra:

> A política diz: "*Sede prudentes como as serpentes*"; a moral lhe acrescenta (como condição restritiva): "*e sem falsidade como as pombas*". Se ambas não podem coexistir em um mandamento, então há realmente um conflito entre a política e a moral; mas se ambas devem estar inteiramente unidas, então é absurdo o conceito do contrário, e nem sequer pode-se colocar como tarefa a questão de como ajustar semelhante conflito.[43]

---

[42] KANT, Immanuel. *Rumo à paz perpétua, op. cit.*, p. 87.
[43] KANT, Immanuel *apud* GUINSBURG, J. (Org.), *op. cit.*, p. 67.

Apenso II
Da Harmonia Estabelecida pelo Conceito Transcendental do Direito Público entre a Política e a Moral

O último apenso traz um alerta do filósofo sobre a importância da celebração de "pacto internacional" concebido sob a égide de um contrato social entre os Estados, que se comprometeriam a não se imiscuírem em suas discórdias internas e, em contrapartida, garantiriam para si uma defesa recíproca em caso de ataque de inimigos estrangeiros.

Kant divide o presente apenso de forma ternária, a saber:

(i) direito público (*jus civitatis*) – direito nacional ou interno, que regula a relação entre os indivíduos, e entre os indivíduos e o seu Estado de origem;

(ii) direito das gentes – atualmente chamado de Direito Internacional, criado prioritariamente por e para os Estados em suas relações; e

(iii) direito cosmopolítico – encontra aplicação entre todos os indivíduos do globo para com todos os Estados, independentemente de serem nacionais desses.

Trata-se de uma parte muito rica do projeto, em que constam ideias como a publicidade obrigatória dos atos de governo, além do conceito contemporâneo de cidadania mundial.

3.2. Evidências da paz perpétua kantiana no Direito Internacional contemporâneo

> A ninguém é dado predizer com segurança o que emergirá do dar-e-tomar contínuo das forças em atividade, em qualquer tempo. Por essa razão, a História frequentemente dá a impressão de seguir seu curso muito além do alcance dos homens e das nações. Não podemos moldar o mundo como se fôssemos senhores de uma coisa material.

> *Colombo não logrou chegar às Índias Orientais. Entretanto, podemos influir na evolução do mundo partindo do interior de nós mesmos, como se fora algo espiritual. Nesse sentido Colombo teria sido o pioneiro de uma Nova Era, ainda que jamais houvesse aportado na América.*
>
> Dag Hammarskjöld
> (2º Secretário-Geral da ONU de 1953 a 1961)

O projeto de paz perpétua de Kant, por ser o estuário dos demais projetos, é indubitavelmente o mais completo e relevante para a teoria do Direito Internacional. Nesta seção, pretende-se examinar os principais aspectos do opúsculo kantiano que se aplicam à sociedade jurídica internacional, os quais podem ser depreendidos, de forma sintética, pelos tópicos a seguir, em destaque:

1) A guerra como assunto de interesse universal e não apenas dos Estados diretamente envolvidos;
2) A ideia de unidade da humanidade, na qual a paz se insere como condição de vida harmônica e torna-se um imperativo categórico;
3) A substituição da violência pelo "império do direito";
4) A autodeterminação social e política dos povos, constante nos tratados das organizações internacionais contemporâneas;
5) A constituição republicana kantiana, que se identifica com a concepção contemporânea de democracia representativa e participativa; e
6) A livre circulação de informações, pessoas e mercadorias no globo.

Todas essas temáticas são de suma importância para o Direito Internacional e mereceriam análises pormenorizadas. Frente à impossibilidade de discorrer sobre todas nesta obra, decidiu-se por debruçar sobre a influência kantiana na criação das organizações internacionais de cunho universal como instrumento para a relação pacífica entre os Estados.

A grande crítica de Kant aos demais projetos que o antecederam, e principalmente sua ressalva ao seu próprio projeto, consistiu na ideia utópica da concretização imediata da paz. Importante observar que, dentro da visão kantiana, a característica da "perpetuidade" se relaciona mais com a progressividade da universalização dos meios pacíficos e com a continuidade na aproximação dos Estados, do que com o alcance de uma paz final, eterna e instantânea[44].

Nessa esteira, Kant defendeu a crescente racionalização do ordenamento jurídico internacional por meio de princípios, de normas e de instituições internacionais que facilitassem a busca da paz entre as nações. Esses elementos que, na modernidade, o filósofo concebeu como critérios para a "paz perpétua", no século XX se tornaram bens jurídicos a serem tutelados pela sociedade internacional[45].

Para compreender o processo histórico e as forças que motivaram a institucionalização dessas organizações, além das implicações de sua contínua evolução funcional, considera-se indispensável tratá-las como uma etapa do processo de transformação do Direito Internacional e, também, como um avanço na construção e na implementação da paz na atualidade.

As organizações internacionais são resultantes da vontade dos Estados de intensificar e estreitar a cooperação internacional.

---

[44] "A crítica kantiana aos predecessores teóricos na busca da paz perpétua não se dá quanto ao objeto, mas quanto a crer que esse ideal possa breve e facilmente ser implementado." (ACCIOLY, Hildebrando; SILVA, Geraldo Eulálio do Nascimento e CASELLA, Paulo Borba. *Manual de direito internacional público*. 17ª ed. São Paulo: Saraiva, 2009, p. 47.)

[45] TEIXEIRA, Anderson Vichinkeski. *Teoria pluriversalista do direito internacional*. São Paulo: WMF Martins Fontes, 2011, p. XVI.

Tais organizações são entes coletivos que não se confundem com os membros que as constituíram inicialmente ou a elas vieram a aderir; compreendem também um conjunto de normas de conduta que regula a coexistência dos Estados nacionais, conservando-se a soberania de cada um.

Foi o fim da Primeira Guerra Mundial que trouxe a constituição da Sociedade das Nações (1919-1946), primeira organização de cunho universal e geral, isto é, que reuniu Estados de todo o globo e que se propôs a tratar de áreas e temas diversos de interesse da sociedade internacional.

A finalidade da Sociedade das Nações foi promover a cooperação, a paz e segurança internacionais, "condenando agressões externas contra a integridade territorial e a independência política de seus membros"[46]. Tal finalidade tem correlação direta com a ideia kantiana do abandono do "estado de natureza pelos Estados"[47] por meio da institucionalização das relações entre todos os Estados do globo, com respeito à preservação da soberania de cada um deles e com base em uma relação de reciprocidade.

Essa primeira tentativa de organização internacional universal e geral foi deveras importante como experiência que permitiu a melhor compreensão dos moldes de relacionamento entre os membros e do grau de comprometimento dos Estados com uma esfera supranacional. Nesse sentido, por exemplo, compreendeu-se posteriormente que a atuação da organização foi prejudicada pelo poder de veto destinado a todos os membros, o que impediu a praticidade no processo de tomada de decisões.

Os princípios e as ideias kantianas notoriamente inspiraram os redatores do Pacto da Sociedade das Nações, documento constituti-

---

[46] PIOVESAN, Flávia. *Direitos humanos e o direito constitucional internacional*. 12ª ed. rev., ampl. e atual. São Paulo: Saraiva, 2011, p. 170.
[47] Ver subcapítulo 3.1.2, comentário sobre o artigo 2 do projeto kantiano.

vo dessa primeira organização que pretendia englobar todos os Estados, de todos os cantos da Terra, a exemplo da "federação de estados livres", aludida no segundo artigo definitivo da paz perpétua.

Segundo Sérgio Vieira de Mello, uma prova fática da inspiração kantiana para a criação da Sociedade das Nações foi a descoberta de que *Para a paz perpétua* de Kant era o livro de cabeceira de Woodrow Wilson, grande artífice da organização[48].

Assim, em decorrência de sua inegável influência, e por que não dizer clarividência, Kant é considerado o "pai espiritual" desse tipo de aliança pacífica pela qual os Estados parecem ter optado na contemporaneidade.

Inicialmente com a experiência da Sociedade das Nações (SdN) e posteriormente com a Organização das Nações Unidas (ONU), a inspiração kantiana tornou-se flagrante, especialmente na busca de um modelo de estruturação político-jurídica universal, como será visto a seguir.

3.2.1. Organização das Nações Unidas (ONU)

> A construção de um sistema internacional em que a Política e a Ética deixem de ser esferas independentes, passando, ao contrário, a se interpenetrarem cada vez mais nas linhas do ideal kantiano de uma razão abrangente do ponto de vista da humanidade.
>
> Celso Lafer

As lições aprendidas ao cabo da Segunda Guerra Mundial ressoaram na sociedade internacional, onde se fez sentir intensamente o clamor por paz, cooperação e regulação do uso da força. Soma-se a isso o fato de a experiência da Sociedade das Nações não ter lo-

---

[48] LAFER, Celso. "Kant e a razão abrangente da humanidade no percurso de Sérgio Vieira de Mello". In: MARCOVITCH, Jacques (Org.). *Sérgio Vieira de Mello*: pensamento e memória. São Paulo: Saraiva, 2004, p. 31.

grado o sucesso esperado, tendo se mostrado necessária uma reorganização mais estruturada e enfática das relações internacionais.

O primeiro documento programático sobre a reorganização da sociedade internacional no pós-guerra foi a Carta do Atlântico (1941), declaração conjunta do primeiro-ministro britânico Winston Churchill e do presidente norte-americano Franklin Delano Roosevelt. No documento, reivindicou-se o alcance de uma paz duradoura entre os Estados, como objetivo antigo na história do Direito Internacional, conforme procurou-se demonstrar ao longo deste trabalho, com destaque para a Paz de Vestfália de 1648[49].

Em 1942, foi assinada em Washington a Declaração das Nações Unidas, usando-se pela primeira vez a expressão "Nações Unidas", atribuída a Roosevelt. Três anos depois, em 1945, foi realizada em São Francisco uma conferência que teve como resultado a elaboração, pelos 50 países presentes, da Carta das Nações Unidas, documento constituinte de uma nova organização internacional de cunho universal: a Organização das Nações Unidas (ONU).

Os ideais e os propósitos da ONU tiveram como inspiração direta as reflexões teóricas elaboradas nos projetos de paz apre-

---

[49] "Podemos eleger como marco de uma tentativa de institucionalização da paz no mundo a denominada 'Paz de Vestfália', de 24 de outubro de 1648, foi ela a primeira grande assembleia da paz na Europa, colocou um ponto-final nas ações belicosas do Império Romano-Germânico. Essa paz era mais que um acordo de paz, era uma ordenação pacifista fundamental para o Antigo Regime e para o Universo europeu. O objetivo desse congresso de paz era um ordenamento de alcance europeu, de caráter universal e permanente. Consequentemente, a *pax* começou com o seguinte artigo 'Pax sit christiana, universalis, perpetua veraque... eaque ita sincere e serioque servetur et colatur, ut utraque pars alterius utilitatem, honorem ac commodum promoveat [...]', *que a paz seja cristã, universal, perpétua e verdadeira... e deveria ser mantida e cultivada sincera e seriamente a fim de que cada uma das partes promova a utilidade, a honra e a vantagem da outra* [...]. As negociações de *Münster* e *Osnabrück* (cidades na Vestfália), em verdade, realizaram no âmbito político as reflexões teóricas sobre a guerra e a paz anteriormente desenvolvidas." (MIRANDA, Luiz Ricardo. *O Grupo Banco Mundial e a regulação internacional do financiamento de projetos* (project finance). 2013. Tese (Doutorado) – Faculdade de Direito da Universidade de São Paulo, São Paulo, 2013, pp. 14-6, grifos nossos.)

sentados neste livro, em especial no projeto de paz kantiano. Com uma estrutura voltada às operações diplomáticas⁵⁰, a ONU foi criada a partir da memória das penosas experiências bélicas das duas grandes guerras mundiais, com grande foco na diplomacia como instrumento viável para a paz.

De fato, uma das principais conexões entre a teoria da paz kantiana e o Direito Internacional atual é a Carta das Nações Unidas. A inspiração nitidamente kantiana é reflexo do anseio por Estados profundamente éticos e garantidores da paz, em sua função de articuladores da sociedade internacional contemporânea. Uma leitura atenta da Carta da ONU permite identificar premissas claras do projeto de paz perpétua do filósofo alemão, a exemplo de seu artigo segundo, que dispõe:

> Nenhum dispositivo da presente Carta autorizará as Nações Unidas a intervirem em assuntos que dependam essencialmente da jurisdição de qualquer Estado ou obrigará os membros a submeterem tais assuntos a uma solução, nos termos da presente Carta [...].⁵¹

Com efeito, o referido artigo corresponde ao quinto artigo preliminar kantiano, segundo o qual: "Nenhum Estado deve intervir pela força na constituição e no governo de outro Estado"⁵².

---

[50] "The main themes are power and accountability. Where does power – legal and political – lie within the organization? Is the exercise of power legitimate, in the sense not only of complying with the constitutional order but also of inducing member state into voluntary compliance? Transparency is part of the that question. If an organ's decision are regarded as legitimate, the greater likehood that the membership will accept and implement them. This goes to the heart of the effectiveness of the UN system." (WHITE, Nigel D. *The United Nations System*: toward International Justice. Colorado: Rienner, 2002, p. 70.)

[51] ONU – Organização das Nações Unidas, Carta das Nações Unidas, 24 de outubro de 1945, 1 UNTS XVI.

[52] KANT, Immanuel. *Rumo à paz perpétua*, op. cit., p. 29.

Se, por um lado, restou afirmada a não intervenção nos assuntos que são da seara interna dos Estados, por outro, elegeram-se interesses essenciais da sociedade internacional a serem protegidos contra a ação do próprio Estado, inclusive na relação com seus cidadãos e com os estrangeiros. Exemplo disso foi a positivação da proteção internacional dos direitos humanos como forma de se evitar a repetição das monstruosas violações individuais e coletivas da Era Hitler[53] e de assegurar a proteção ao "mínimo existencial" dos indivíduos, independentemente de sua nacionalidade.

Esse movimento de proteção internacional da pessoa humana, que independe do *status* de cidadão – positivado na Carta da ONU[54] e posteriormente consignado na Declaração Universal dos Direitos Humanos de 1948 –, é tradução da relevante noção kantiana do "Direito Cosmopolítico", presente no terceiro artigo definitivo de seu projeto de paz. Segundo Kant, tal direito seria efetivado em uma época da História em que a violação do direito ocorrida num ponto do planeta fosse sentida nos demais[55], o que definitivamente ocorreu ao fim da Segunda Guerra Mundial e inspirou a criação da ONU.

Ainda segundo Kant, o Direito Cosmopolítico se refere diretamente às condições de "hospitalidade universal", conceito que prevê o tratamento não hostil ao "estrangeiro", isto é, o respeito à dignidade da pessoa que não pertence ao território em questão, noção essa corolária do Direito Internacional dos Direitos Hu-

---

[53] PIOVESAN, Flávia, *op. cit.*, p. 175.
[54] "A questão dos direitos humanos aparece, desde logo, nos documentos preparatórios das Nações Unidas. Ainda durante a II Guerra Mundial, o denominador comum dos aliados foi a oposição contra o nazismo e o fascismo, exatamente identificados nesses documentos com o desrespeito dos mais elementares direitos do homem. Assim a Carta contém um vasto conjunto de disposições sobre a matéria: os artigos 1, nº 3; 13, nº 1 b), 55 c), 62, nº 2 e 76 c)." (RIBEIRO, Manuel de Almeida. *A Organização das Nações Unidas*. 2ª ed. Coimbra: Almedina, 2016, p. 323.)
[55] TRINDADE, Luciano José, *op. cit.*, p. 300.

manos e, mais especificamente, do Direito Internacional dos Refugiados e Apátridas, dois ramos do DIP que se desenvolveram intensamente a partir da criação da ONU.

Vale lembrar que, dentro da teoria do DIP, a Carta da ONU é considerada um marco, responsável por transformar a própria estrutura do sistema jurídico internacional, que passou de um *corpus* baseado em tratados bilaterais a um ordenamento supraestatal caracterizado pela vigência não apenas de um pacto associativo entre todos, mas também de um pacto de sujeição dos Estados a uma instituição internacional[56].

De fato, afirma-se que o DIP pode ser dividido em anterior e posterior à Carta da ONU, pois representou um novo modelo de conduta para os Estados em suas relações internacionais, dentro da chave das relações amistosas e da cooperação internacional nos planos econômico, social e cultural, visando ao estabelecimento de padrões mundiais de saúde, proteção do patrimônio da humanidade, do meio ambiente e, especialmente, dos direitos humanos. É o que chamamos de virada epistemológica do Direito Internacional.

A união visceral dos membros da ONU promovida por sua Carta, enunciadora dos direitos e deveres dos membros da socie-

---

[56] "A carta da ONU assinala, em suma, o nascimento de um novo direito internacional e o fim do velho paradigma – o modelo Vestfália –, que se firmara três séculos antes com o término de outra guerra europeia dos trinta anos. Tal carta equivale a um verdadeiro contrato social internacional – histórico e não metafórico, efetivo ato constituinte e não simples hipótese teórica ou filosófica –, com o qual o direito internacional muda estruturalmente, transformando-se de sistema *pactício*, baseado em tratados bilaterais *inter pares* (entre partes homogêneas), num verdadeiro *ordenamento jurídico* supraestatal: não mais um simples *pactum associationis* (pacto associativo), mas também *pactum subiectiones* (pacto de sujeição). Mesmo porque a comunidade internacional, que até a Primeira Guerra Mundial ainda era identificada com a comunidade das 'nações cristãs' ou civilizadas – Europa e América –, é estendida pela primeira vez a todo o mundo como ordem jurídica mundial". (FERRAJOLI, Luigi. *A soberania no mundo moderno*. Trad. Carlo Coccioli e Márcio Lauria Filho. 2ª ed. São Paulo: Martins Fontes, 2007, pp. 40-1.)

dade internacional, reflete de forma oblíqua a lição kantiana segundo a qual a paz somente pode ser mantida ao se adotar uma estrutura capaz de viabilizá-la.

No que diz respeito ao funcionamento da ONU, destacam-se dois de seus órgãos: a Assembleia Geral e o Conselho de Segurança.

A Assembleia Geral é o órgão deliberativo, sendo composto por todos os Estados-membros da organização, cabendo a cada um deles um voto. Como representante legítima da opinião da sociedade internacional, a Assembleia discute as mais relevantes questões de interesse da organização[57], podendo também tratar daquelas relativas à paz e à segurança, desde que a situação não esteja sendo apreciada pelo Conselho de Segurança.

Essa é a chamada "competência residual" da Assembleia Geral da ONU, presente no artigo 12[58] da Carta e consagrada na Resolução 377[59] de 1950, também denominada *Uniting for Peace*. Portanto, o exercício da competência residual reservada à Assembleia é pos-

---

[57] "Nos termos da Carta, as questões importantes [decididas pela Assembleia Geral] abrangem: recomendações acerca da manutenção da paz e da segurança internacionais; eleição dos membros não permanentes do Conselho de Segurança; eleição dos membros do Conselho Econômico e Social e do Conselho de Tutela; admissão de novos membros na organização; suspensão dos direitos e privilégios dos membros; expulsão destes; questões relativas ao funcionamento do sistema de tutela e questões orçamentárias." (ACCIOLY, Hildebrando; SILVA, Geraldo Eulálio do Nascimento e CASELLA, Paulo Borba, *op. cit.*, p. 398.)

[58] Artigo 12.1. da Carta das Nações Unidas: "Enquanto o Conselho de Segurança estiver exercendo, em relação a qualquer controvérsia ou situação, as funções que lhe são atribuídas na presente Carta, a Assembleia Geral não fará nenhuma recomendação a respeito dessa controvérsia ou situação, a menos que o Conselho de Segurança a solicite." (ONU, Carta das Nações Unidas, 24 de outubro de 1945, 1 UNTS XVI.)

[59] "[...] In light of the subsequent practice – and despite of the fact that the legality of the resolution has continued to remain controversial – it is possible to state today that such action would not be contrary to the Charter. Since 1950, practice demon-strates an acceptance for a larger role of the General Assembly. The Council referred disputes to the General Assembly, even though the latter did not recommend a use of force. Some instances of this practices include the Suez crisis (1956), where the USSR itself cited the Acherson Resolution as a ground; following the Soviet invasion of Hungary (1956) [...]." (KOLB, Robert. *An Introduction to the Law of the United Nations*. Oregon: Oxford and Portland, 2010, p. 90.)

Figura XI. Conselho de Segurança da Organização das Nações Unidas em reunião presidida por Barack Obama sobre desarmamento nuclear, em 2009.
©UN Photo/Mark Garten.

sível apenas quando o Conselho de Segurança não exerce a função que lhe cabe, como órgão originariamente competente para a manutenção da paz e da segurança internacional.

Além de apreciar os relatórios do Conselho de Segurança e de todos os outros órgãos do sistema onusiano, importante destacar outras funções da Assembleia Geral, tais como incentivar e iniciar estudos para a promoção da cooperação política internacional, do desenvolvimento do Direito Internacional e de sua progressiva codificação, o que condiz com o ideal kantiano de perpetuidade na busca pela paz e pela harmonia nas relações internacionais, sempre por intermédio do Direito.

O Conselho de Segurança, por sua vez, é o principal órgão responsável pela paz e pela segurança internacionais, sendo composto por cinco membros permanentes com direito a veto, sendo eles os vencedores da Segunda Guerra Mundial – Estados Unidos, França, Inglaterra, Rússia e China –, e por dez membros não permanentes eleitos pela Assembleia Geral a cada dois anos. Por ter poder decisório, as decisões do Conselho de Segurança devem ser aceitas e cumpridas pelos Estados.

Compete também ao Conselho de Segurança acompanhar qualquer controvérsia que possa se transformar em conflito internacional, estando os países-membros da organização obrigados a aceitar e cumprir as suas decisões. Dentre as atuações mais pontuais do órgão, destaca-se a aplicação de sanções econômicas aos países que transgridam os valores da Carta e empreendam ações militares não autorizadas.

Em decorrência do poder de veto dos membros permanentes, o Conselho de Segurança é alvo de duras críticas de politização de suas decisões e de excessivo poder das potências permanentes. As críticas quanto ao funcionamento e à politização da ONU são relevantes, mas não eliminam o seu aporte ao Direito Internacional e à paz mundial.

Nessa esteira, ressalta-se que a ONU não deve ser enxergada como um mecanismo exclusivo ou como um substituto a todos os outros instrumentos das relações internacionais, mas sim como um instrumento suplementar a eles[60].

De fato, no que concerne ao bom funcionamento de suas instituições, a ONU superou sua predecessora, a Sociedade das Nações, e trouxe para o sistema jurídico internacional um caráter de multilateralidade[61], que facilita e democratiza as discussões sobre os temas mais relevantes para a humanidade.

---

[60] PASVOLKY, Leo. "Discurso na Universidade de Illinois em 2 de maio de 1950", *apud* GROSS, Ernest A. *As Nações Unidas*: estrutura da paz. Trad. Waldemir Nogueira Araújo. Rio de Janeiro: Edições GDR, 1964, p. 22.
[61] CASELLA, Paulo Borba. "ONU pós-Kelsen". In: MERCADANTE, Araminta e MAGALHÃES, José Carlos de (Orgs.). *Reflexões sobre os 60 anos da ONU*. Ijuí: Unijuí, 2005, pp. 19 e ss.

CONCLUSÃO

> *Ele não propunha nenhuma solução já pronta, apenas princípios e a vontade de prosseguir em sua busca. Era dessa liberdade que Kant nos falava, ao nos lembrar de que "devemos agir como se a coisa, que talvez não seja, fosse" [...] Mais do que nunca, ao olharmos a nossa volta, uma evidência nos interpela: o futuro é para ser inventado. Afastar-se desse nobre desígnio equivaleria a renunciar à nossa razão de ser, que consiste em sermos razão.*
>
> Sérgio Vieira de Mello

1. A presente obra teve o intuito de estudar a "simbólica da paz" por meio da análise dos projetos de paz perpétua no pensamento ocidental, em especial daqueles provenientes da modernidade. A tônica do estudo recaiu sobre o ideal da construção da paz ao longo da História em conexão com o desenvolvimento progressivo do Direito Internacional.

2. A determinação do impacto dos principais "projetos de paz perpétua" no Direito Internacional contemporâneo somente foi possível por meio da compreensão da evolução da disciplina e de seus principais institutos e teóricos. Dessa forma, o estudo procurou destacar, desde a Antiguidade até os dias atuais, a elaboração de normas e princípios relacionados à guerra e à paz, assim como os institutos da diplomacia e da arbitragem internacional.

3. Quanto aos teóricos que mais contribuíram para a disciplina e firmaram as bases para sua evolução, restou evidenciada a relevância do pensamento de Francisco de Vitória, Francisco Suarez, Alberico Gentili e Hugo Grócio – este último considerado o "pai do Direito Internacional", por ter ajudado a tornar a disciplina autônoma.

4. A análise das mais relevantes teorias para o pensamento da paz no mundo ocidental permitiu destacar os projetos de paz perpétua de William Penn, Abbé de Saint-Pierre e Jean-Jacques Rousseau, os quais formaram a base teórica da investigação realizada por Immanuel Kant, uma verdadeira sistematização racional da paz.

5. Indubitavelmente, o sistema de pensamento kantiano é um dos mais influentes na busca pela paz, tendo o autor contribuído para a elaboração de conceitos que continuam a influenciar a teoria e a prática do Direito Internacional Público, inclusive nos dias atuais.

6. Diversas são as correlações entre a teoria de paz kantiana e o Direito Internacional contemporâneo, sendo a concepção das organizações internacionais uma delas. A institucionalização da cooperação internacional e da contínua busca pela paz consubstanciou-se na criação das organizações internacionais, o que ocorreu sob clara influência de diversos conceitos kantianos.

7. A Organização das Nações Unidas (ONU), como organização de cunho universal, é a que melhor representa a proposta kantiana da "federação de Estados" sob o império do Direito. De fato, a ONU transformou-se em um foro de discussão das questões mundiais, com o propósito de manutenção da paz e da segurança internacionais.

8. Na lição de Kant, a humanidade não pode perder de vista seu dever da busca constante pela paz universal. Todavia, restou demonstrado que o progresso da sociedade internacional em direção à paz não pressupõe necessariamente a ausência total da guerra, mas sim a ressignificação da paz, não apenas como um fato concreto, mas principalmente como um projeto a ser continuamente buscado nas relações humanas.

APÊNDICE

TÉCNICAS PARA UMA POSSÍVEL ALTERAÇÃO DA DISPOSIÇÃO HUMANA EM PROL DA PAZ MUNDIAL – RESPOSTA DE CARL G. JUNG PARA A UNESCO (1948)[1]

> *Toda reforma interior e toda mudança para melhor dependem exclusivamente da aplicação do nosso próprio esforço.*
>
> Kant

O presente apêndice traz um singelo resumo (extrato) da resposta elaborada por Carl G. Jung[2] a uma perquirição da Organização

---

[1] JUNG, Carl Gustav. "Resposta a uma solicitação da Unesco em 1948". In: _____. *Técnicas para uma alteração da disposição humana em prol da paz mundial*. Trad. e adap. Petho Sandor. São Paulo: Sedes Sapientae (arquivos), 2000.

[2] Carl Gustav Jung nasceu em 26 de julho de 1875 na aldeia de Kesswil, localizada na margem suíça do Lago de Constança. Filho único do pastor local, interessou-se desde cedo pela psicologia humana, o que o incentivou inicialmente a se tornar médico psiquiatra e, depois, autor de célebres teorias sobre a mente e o comportamento humano. Foi fundador da psicologia analítica e criador dos conceitos de *inconsciente coletivo, sincronicidade e individuação*, tão difundidos atualmente. "A psicologia analítica aborda a psicoterapia e a análise aprofundada da tradição estabelecida pelo psiquiatra suíço C. G. Jung. Como originalmente definida por Jung, ela se distingue por colocar foco no rol de experiências simbólicas e espirituais da vida humana, repousando também sobre a teoria dos arquétipos junguianos e a existência de um espaço psíquico profundo, denominado inconsciente coletivo. De acordo com o trabalho original de Jung, a pesquisa contínua em sua abordagem incorporou descobertas de outras disciplinas e escolas de psicologia profunda [...]" (tradução livre). Para mais informações sobre a vida e obra de Carl Gustav Jung, consultar o website da *International Association for Analytical Psychology* (IAAP): www.iaap.org; e STEVENS, Anthony. *Jung*. Porto Alegre: L&PM, 2012.

das Nações Unidas para a Educação, a Ciência e a Cultura (Unesco)[3], em 1948.

Os argumentos apresentados por Jung, ávido leitor de Kant[4], demonstram clara influência da investigação da paz à luz de um "progresso moral da humanidade". Em apertada síntese, para ambos os autores, o progresso moral da humanidade se daria por meio de mudanças operadas primeiramente e de forma peremptória no âmbito individual de cada ser humano, para que, *a posteriori*, viesse a refletir em toda coletividade, como pode ser observado no trecho que segue[5].

EXTRATO DA RESPOSTA DE JUNG À UNESCO

Uma nação é a soma de seus indivíduos. Pode-se dizer que o "caráter nacional" corresponde à média moral desses indivíduos e que ninguém, ou melhor, nenhum indivíduo está imune contra um mal nacionalmente difundido.

Todavia, a imunidade a um mal nacionalmente difundido depende inteiramente da existência de uma minoria dominante, ou seja, prescinde da existência de indivíduos imunes e, portanto, capazes de combater o poderoso efeito sugestivo da aparente possibilidade de satisfação de desejos individuais.

---

[3] A Unesco é uma agência especializada do Sistema das Nações Unidas (ONU) que tem por objetivo contribuir para a manutenção da paz e para o desenvolvimento social por meio do fomento às seguintes áreas: educação, ciências naturais, ciências humanas e sociais, cultura e comunicação e informação. Para mais informações sobre a Unesco, consultar o website da instituição: www.en.unesco.org.

[4] SHAMDASANI, Sonu. *C. G. Jung*: uma biografia em livros. Trad. Gentil A. Titton. Petrópolis: Vozes, 2014.

[5] Podemos inferir por coletividade os indivíduos que compõem a população de cada Estado soberano ou ainda a humanidade, considerada em seu conjunto total de indivíduos.

Partindo-se dessa premissa, Jung garante que, na hipótese de governantes/soberanos não serem imunes ao mal, inevitavelmente serão vítimas de seu próprio poder, pois, em longo prazo, a ganância acumulada de uma nação será totalmente incontrolável, em decorrência do mau uso dos meios de natureza cívica e militar disponíveis.

Diante do breve cenário exposto, Jung faz duas sugestões à Unesco:

i) *Divulgar as ideias anteriores em círculos de debate que poderiam influenciar os poucos indivíduos em condições de chegar às suas próprias deduções;* e

ii) *Propiciar uma oportunidade aos indivíduos que adotam a convicção de que a sua própria disposição necessita ser revista, ou seja, propiciar um tratamento individual analítico.*

Em sua elaboração, o autor suíço deixa bem claro que "alterar a disposição de um indivíduo" é uma noção bastante indeterminada e etérea, e que tal alteração nada mais seria do que uma mudança preconizada pela própria integração de conceitos anteriormente dormentes à consciência humana. Dessa forma, o simples despertar dos conceitos acarretaria uma alteração da disposição, mesmo que modesta, do indivíduo.

A alteração da disposição humana em benefício da manutenção da paz no mundo seria essencialmente uma expansão da consciência do homem, intrinsecamente ligada ao seu caráter, ao seu *a priori*, retomando a ideia kantiana do desenvolvimento progressivo da humanidade ao longo dos séculos.

BIBLIOGRAFIA

ACCIOLY, Hildebrando. *Tratado de direito internacional público*. 3ª ed. São Paulo: Quartier Latin, 2009, v. 1 e 2.

_____; SILVA, Geraldo Eulálio do Nascimento e CASELLA, Paulo Borba. *Manual de direito internacional público*. 17ª ed. São Paulo: Saraiva, 2009.

AGO, R. *et al.* "Commemoration of the Fourth Centenary of the Birth of Grotius". *Recueil des Cours*, Haia, v. 232, n. 1, 1992, p. 399 (Collected Courses of The Hague Academy of International Law).

ALIGHIERI, Dante. *Monarquia*. Trad. Hernâni Donato. São Paulo: Ícone, 2006.

ALLISON, Henry E. *Idealism and Freedom*: Essays on Kant's Theoretical and Practical Philosophy. Cambridge: Cambridge University Press, 1996.

AMARAL JÚNIOR, Alberto do. *Curso de direito internacional público*. 2ª ed. São Paulo: Atlas, 2011.

ARAUJO, Luiz Ivani de Amorim. "Os organismos especializados da ONU". In: MERCADANTE, Araminta e MAGALHÃES, José Carlos de (Orgs.). *Reflexões sobre os 60 anos da ONU*. Ijuí: Unijuí, 2005, pp. 13-82.

ARENDT, Hannah. *Entre o passado e o futuro*. Trad. Mauro W. Barbosa. 7ª ed. São Paulo: Perspectiva, 2011.

_____. *Lições sobre a filosofia política de Kant*. Trad. André Duarte de Macedo. Rio de Janeiro: Relume-Dumará, 1993.

ARENDT, Hannah. *Lições sobre a filosofia política de Kant*. Trad. André Duarte de Macedo. 2ª ed. Rio de Janeiro: Relume-Dumará, 1994.

ARIOSI, Mariângela. *Conflitos entre tratados internacionais e leis internas*: o judiciário brasileiro e a nova ordem internacional. Rio de Janeiro: Renovar, 2000, pp. 44-5.

ARISTÓTELES. *Ética a Nicômaco*. Trad. Pietro Nassetti. São Paulo: Martin Claret, 2003.

ARON, Raymond. *Paz e guerra entre as nações*. Trad. Sérgio Bath. São Paulo: WMF Martins Fontes; Brasília: Ed. da UnB, 2018.

BAILEY, Sidney D. *A história das Nações Unidas*. Trad. João Paulo Monteiro. Rio de Janeiro: Lidador, 1965.

BARCIA TRELLES, Camilo. "Francisco de Vitoria et l'ecole moderne du droit international". *Recueil des Cours*, Haia, t. 17, v. 2, 1927, pp. 109--342 (Collected Courses of The Hague Academy of International Law).

BECK, Ulrich. *The Cosmopolitan Vision*. Trad. Ciaran Cronin. Cambridge: Polity Press, 2006.

BENDA, Julien. *O pensamento vivo de Kant*. Trad. W. Veloso. São Paulo: Edusp/Martins Fontes, 1976.

BENTHAM, Jeremy. *An Introduction to the Principles of Morals and Legislation*. New York: Dover, 2007.

_____."Essay IV: a Plan for an Universal and Perpetual Peace (1843)". In: BOWRING, John (Ed.). *The Works of Jeremy Bentham*. Edimburgo: William Tait, 1843, v. 2. Disponível em: <http://perpetualpeaceproject.org/resources/bentham.php>. Acesso em: 20 jan. 2020.

_____. "Principles of International Law". In: BOWRING, John (Ed.). *The Works of Jeremy Bentham*. New York: Russell & Russell, 1962, v. 2, pp. 535-60.

BENVENISTI, Eyal. "Rethinking the Divide Between Jus ad Bellum and Jus in Bello in Warfare Against Nonstate Actors", *Yale J. Int'l L.*, v. 34, 2009, pp. 541-42. Disponível em: <https://digitalcommons.law.yale.edu/yjil/vol34/iss2/1>. Acesso em: 20 jun. 2020.

BITTAR, Eduardo C. B. e ALMEIDA, Guilherme Assis de. *Curso de filosofia do direito*. 8ª ed. São Paulo: Atlas, 2010.

BOBBIO, Norberto. *A era dos direitos*. Trad. Carlos Nelson Coutinho. Rio de Janeiro: Elsevier, 2004.

_____. *Direito e Estado no pensamento de Immanuel Kant*. Trad. Alfredo Fait. Brasília: Ed. da UnB, 1984.

_____. *Ética, direito e religião no mundo moderno*. 3ª ed. São Paulo: Companhia das Letras, 2006.

_____. *O filósofo e a política*: antologia. Org. José Fernandez Santillán. Rio de Janeiro: Contraponto, 2003.

_____. *O positivismo jurídico*: lições de filosofia do direito. Trad. Márcio Pugliesi, Edson Bini e Carlos E. Rodrigues. São Paulo: Ícone, 2006.

_____. *O problema da guerra e as vias da paz*. Trad. Álvaro Lorencini. São Paulo: Unesp, 2002.

BOHMAN, J. e LUTZ-BACHMANN, M. (Eds.). *Perpetual Peace*: Essays on Kant's Cosmopolitan Ideal. Cambridge: The MIT Press, 1997.

BOUCHARD, Carl. *Le citoyen et l'ordre mondial (1914-1919)*: le rêve d'une paix durable au lendemain de la Grande Guerre, en France, en Grande-Bretagne et aux États-Unis. Paris: Pedone, 2008.

BOUVIER, Antoine A. *Direito internacional humanitário e direito dos conflitos armados*. Williamsburg: Instituto para Treinamento em Operações de Paz, 2011.

BRASIL DE SOUZA MOURA, Marcel. *Kant e o direito internacional público*. São Paulo: Letz Total Media Creative Projects, 2019.

BROOK, Andrew. *Kant and the Mind*. Cambridge: Cambridge University Press, 1997.

BROWNLIE, Ian. "International Law at the Fiftieth Anniversary of the United Nations: General Course on Public International Law". *Recueil des Cours*, Haia, t. 255, v. 1, 1995 (Collected Courses of The Hague Academy of International Law).

BROWNLIE, Ian. *Princípios de direito internacional público*. Trad. Maria Manuela Farrajota, Maria João Santos, Victor Richard Stockinger e Patrícia Galvão Teles. 4ª ed. Lisboa: Calouste Gulbenkian, 1997.

BRUM, Clara Maria Cavalcante e TROTTA, Wellington. "A liberdade como fundamento do pensamento político-jurídico kantiano". *Revista Achegas*, n. 36, jul./ago. 2007. Disponível em: <http://www.achegas.net/numero/36/claratrott_36.pdf>. Acesso em: 20 ago. 2020.

CALDAS, Roberto Correia da Silva Gomes *et al*. *Guerra e paz no século XXI*: políticas e direito internacional. Coimbra: Almedina, 2018.

CAMPOS, João Mota de (Org.). *Organizações internacionais*. Lisboa: Fundação Calouste Gulbenkian, 1999.

CARREAU, Dominique. *Droit internacional*. 7ª ed. Paris: Éditions A. Pedone, 2001.

CASELLA, Paulo Borba. *Comunidade europeia e seu ordenamento jurídico*. São Paulo: LTr, 1994.

_____. "Desenvolvimento do direito internacional na concepção de Cornelius van Bynkershoek". *Revista da Faculdade de Direito da Universidade de São Paulo*, São Paulo, v. 103, 2008, pp. 563-92.

_____. *Direito internacional no tempo antigo*. São Paulo: Atlas, 2012.

_____. *Direito internacional no tempo clássico*. São Paulo: Atlas/GEN, 2015.

_____. *Direito internacional no tempo medieval e moderno até Vitória*. São Paulo: Atlas, 2012.

_____. *Direito internacional no tempo moderno*: de Suárez a Grócio. São Paulo: Atlas, 2014.

_____. "Droit international, histoire et culture". Curso ministrado na Academia de Direito internacional da Haia, jan. 2020, pp. 9-609 (Collected Courses of The Hague Academy of International Law).

_____. "Negociação e conflito no direito internacional – cinco mil anos de registro da história". *Revista da Faculdade de Direito da Universidade de São Paulo*, São Paulo, v. 114, jan./dez. 2019, pp. 185-230.

CASELLA, Paulo Borba. *Fundamentos do direito internacional pós-moderno*. São Paulo: Quartier Latin, 2008.

_____. "ONU pós-Kelsen". In: MERCADANTE, Araminta e MAGALHÃES, José Carlos de (Orgs.). *Reflexões sobre os 60 anos da ONU*. Ijuí: Unijuí, 2005, pp. 13-64.

_____. "Pax Perpetua: a Review of the Concept from the Perspective of Economic Integration". In: _____ (Coord.). *Dimensão internacional do direito*: estudos em homenagem a G. E. do Nascimento e Silva. São Paulo: LTr, 2000, pp. 69-88.

_____. "Perspectivas da integração europeia". *Revista da Faculdade de Direito da Universidade de São Paulo*, São Paulo, n. 109, 2014, pp. 25-74. Disponível em: <http://www.revistas.usp.br/rfdusp/article/view/89225>. Acesso em: 3 maio 2020.

_____. *Tratado de Versalhes na história do direito internacional*. São Paulo: Quartier Latin, 2007.

_____. *União Europeia*: instituições e ordenamento jurídico. São Paulo: LTr, 2002.

_____ e NASCIMENTO, Guilherme Figueiredo. "Direitos dos povos indígenas: releitura de Francisco de Vitória enfatizando os 500 anos de descobrimento". *Revista da Faculdade de Direito da Universidade de São Paulo*, São Paulo, v. 95, 2000, pp. 121-8.

CASSESE, Antonio. *International Law*. 2ª ed. Oxford: Oxford University Press, 2005.

CÍCERO, Marco Túlio. *Da República*. Trad. Amador Cisneiros. 2ª ed. São Paulo: Edipro, 2011.

_____. *Tratado das leis*. Trad. Marino Kury. Caxias do Sul: Educs, 2004.

COMPARATO, Fábio Konder. *A afirmação histórica dos direitos humanos*. 3ª ed. São Paulo: Saraiva, 2004.

CONFORTI, Benedetto. *The Law and Practice of the United Nations*. The Hague: Kluwer Law International, 1996.

DAL RI JUNIOR, Arno. "Evolução histórica e fundamentos político-jurídicos da cidadania". In: DAL RI JUNIOR, Arno e OLIVEIRA, Odete

Maria de (Orgs.). *Cidadania e nacionalidade*: efeitos, perspectivas, nacionais, regionais, globais. 2ª ed. Ijuí: Unijuí, 2003.

D'ALEMBERT, J. le R. *Éloge de l'abbé de Saint-Pierre*. Caen: Centro de Filosofia Política e Jurídica, Universidade de Caen, Biblioteca de Filosofia Política e Jurídica, 1993. Textos e documentos.

DELMAS-MARTY, Mireille. *Três desafios para um direito mundial*. Trad. Fauzi Hassan Choukr. Rio de Janeiro: Lúmen Júris, 2003.

DINH, Nguyen Quoc; DAILLIER, Patrick e PELLET, Alain. *Direito internacional público*. Trad. Vítor Marques Coelho. 2ª ed. Lisboa: Calouste Gulbenkian, 2003.

DINSTEIN, Yoram. *Guerra, agressão e legítima defesa*. 3ª ed. Barueri: Manole, 2004.

DU NIPPOLD, O. "Le développement historique du droit international depuis le Congrès de Vienne". *Recueil des Cours*, Haia, v. 1, n. 2, pp. 1-121, 1924 (Collected Courses of The Hague Academy of International Law).

DUPUY, Charles. "Les antécédents de la société des nations". *Recueil des Cours*, Haia, n. 2, 1937, pp. 1-109 (Collected Courses of The Hague Academy of International Law).

EICHELBERG, Clark M. *UN*: the First Ten Years. New York: Harper and Brothers, 1955.

FERRAJOLI, Luigi. *A soberania no mundo moderno*. Trad. Carlo Coccioli e Márcio Lauria Filho. 2ª ed. São Paulo: Martins Fontes, 2007.

FERRARI, J. e GOYARD-FABRE, S. (Eds.). *L'année 1796 sur la paix perpétuelle*: de Leibniz aux héritiers de Kant. Paris: Vrin, 1998.

FERRY, Luc. *Kant*: uma leitura das três críticas. Trad. Karina Jannini. 2ª ed. Rio de Janeiro: Difel, 2010.

_____. *Kant*: une lecture des trois 'critiques'. Paris: Grasset, 2006.

FLIKSCHUH, Katrin. "Kant's Sovereignty Dilemma: a Contemporary Analysis". *Journal of Political Philosophy*, v. 18, n. 4, 2010, pp. 469–93.

FLOH, Fabio. "Direito internacional contemporâneo: elementos para a configuração de um direito internacional na Ordem Internacional

Neo-Vestifaliana". In: CASELLA, Paulo Borba et al. (Orgs.). *Direito internacional, humanismo e globalidade*. São Paulo: Atlas, 2008, pp. 219-35.

FREY, Daniel. "La guerre et la paix perpétuelle de l'Abbé de Saint-Pierre à Rousseau". *Revue des Sciences Religieuses*, 86/4, 2012, pp. 455-73. Disponível em: <https://doi.org/10.4000/rsr.1380>. Acesso em: 20 jun. 2020.

FRIEDMANN, Wolfgang. *The Changing Structure of International Law*. New York: Columbia University Press, 1964.

FUSTEL DE COULANGES, Numa Denis. *A cidade antiga*: estudo sobre o culto, o direito e as instituições da Grécia e de Roma. Trad. Roberto Leal Ferreira. São Paulo: Martin Claret, 2009.

GADAMER, Hans-Georg. *Kant*. Frankfurt: Fischer Bücherei, 1960.

GALEFFI, Romano. *A filosofia de Immanuel Kant*. Brasília: Ed. da UnB, 1986.

GENTILI, Alberico. *O direito de guerra*. Trad. Ciro Mioranza. Ijuí: Unijuí, 2005.

GILISSEN, John. *Introdução histórica ao direito*. Trad. A. M. Hespanha e L. M. Macaísta Malheiros. 4ª ed. Lisboa: Calouste Gulbenkian, 2003.

GOYARD-FABRE, S. *Projet pour rendre la paix perpétuelle en Europe*. Paris: Éditions Garnier Frères, 1981, p. 11, apud SEITENFUS, Ricardo. "Prefácio". In: SAINT-PIERRE, Abbé de. *Projeto para tornar perpétua a paz na Europa*. Trad. Sérgio Duarte. São Paulo: Imprensa Oficial; Brasília: Ed. da UnB, 2003 (Col. Clássicos Ipri).

GROSS, Ernest A. *As Nações Unidas*: estrutura da paz. Trad. Waldemir Nogueira Araújo. Rio de Janeiro: Edições GDR, 1964.

GROTIUS, Hugo. *O direito da guerra e da paz*. Trad. Ciro Mioranza. 2ª ed. Ijuí: Unijuí, 2005, v. 1 e 2.

_____. *Mare liberum*. The Hague: Brill, 2009.

GUINSBURG, J. (Org.). *A paz perpétua*: um projeto para hoje. Trad. J. Guinsburg. São Paulo: Perspectiva, 2004.

GUYER, Paul. "Introdução: o céu estrelado e a lei moral". In: GUYER, Paul (Org.). *Kant*. Trad. Cassiano Terra Rodrigues. Aparecida: Ideias e Letras, 2009, pp. 17-44.

HABERMAS, Jürgen. "A constelação pós-nacional e o futuro da democracia". In: _____. *A constelação pós-nacional*: ensaios políticos. Trad. Márcio Selligmann-Silva. São Paulo: Littera Mundi, 2001, pp. 75-142.

_____. *Kants Idee des Ewigen Friedens*: aus dem historischen Abstand von 200 Jahren. Frankfurt am Main: Suhrkamp, 1996.

_____. *La paix perpétuelle*: le bicentenaire d'une idée kantienne. Trad. Rainer Rochlitz. Paris: Humanités, 2005.

_____. "I. Retorno à metafísica? 2. A metafísica após Kant". In: _____. *Pensamento pós-metafísico*: ensaios filosóficos. Trad. Lumir Nahodil. Coimbra: Almedina, 2004, pp. 37-52.

HEIDEGGER, Martin. *Kant et le problème de la métaphysique*. Trad. Alphonse de Waelhens e Walter Biemel. Frankfurt: Gallimard, 1965.

HESIOD. *Hesiod, homeric hymns, epic cycle, homerica*. Trad. e estudo Hugh G. Evelyn-White. Cambridge: Harvard University Press, 1995 (Loeb Classical Library).

HÖFFE, Otfried. *Immanuel Kant*. Trad. C. V. Hamm e V. Rohden. São Paulo: Martins Fontes, 2005.

HUNTINGTON, Samuel P. *The Clash of the Civilizations and the Remaking of World Order*. New York: Simon and Schuster Paperbacks, 2003.

JUNG, Carl Gustav. "Resposta a uma solicitação da Unesco, em 1948". In: _____. *Técnicas para uma alteração da disposição humana em prol da paz mundial*. Trad. e adapt. Petho Sandor. São Paulo: Sedes Sapientae (arquivos), 2000.

KANT, Immanuel. *Começo conjectural da história humana*. Trad. Edmilson Menezes. São Paulo: Unesp, 2010.

_____. *Crítica da faculdade do juízo*. Trad. Valério Rohden e António Marques. 3ª ed. Rio de Janeiro: Forense Universitária, 2012.

_____. *Crítica da razão prática*. Trad., introd. e notas Valerio Rohden. São Paulo: WMF Martins Fontes, 2016.

KANT, Immanuel. *Crítica da razão pura*. Trad. Lucimar A. Coghi Anselmi e Fulvio Lubisco. São Paulo: Ícone, 2011.

_____. *Doutrina do direito*. Trad. Edson Bini. 2ª ed. São Paulo: Ícone, 1993.

_____. *Escritos pré-críticos*. Trad. Jair Barbosa, Joãosinho Beckemkamp, Luciano Codato, Paulo Licht dos Santos e Vinicius de Figueiredo. São Paulo: Unesp, 2005.

_____. "Fundamentação da metafísica dos costumes". In: _____. *Fundamentação da metafísica dos costumes e outros escritos*. Trad. Leopoldo Holzbarch. São Paulo: Martin Claret, 2005, pp. 13-96.

_____. *Ideia de uma história universal de um ponto de vista cosmopolita*. Trad. Ricardo R. Terra e Rodrigo Naves. 3ª ed. São Paulo: WMF Martins Fontes, 2011.

_____. *Lógica*. Trad. Arthur Morão. Lisboa: Texto e Grafia, 2009.

_____. *Metafísica dos costumes*. Trad. Edson Bini. São Paulo: Folha de S.Paulo, 2010 (Col. Folha: Livros que Mudaram o Mundo, v. 8).

_____. *O conflito das faculdades*. Trad. Arthur Morão. Lisboa: Edições 70, 1993.

_____. "O fim de todas as coisas". In: TEXTOS *seletos*. Trad. Floriano de Sousa Fernandes. 8ª ed. Petrópolis: Vozes, 2012, pp. 92-107.

_____. *Opuscules sur l'histoire*. Trad. S. Piobetta. Introd., notas, biblio. e cronol. P. Raynaud. Paris: Flammarion, 1990.

_____. *Projet de paix pérpetuelle*. Trad., apres. e coment. de J.-J. Barrère e C. Roche. Paris: Nathan – Les Intégrales de Philo, 1991.

_____. *Prolegômenos a toda metafísica futura*. Trad. Arthur Morão. Lisboa: Edições 70, 2008.

_____. "Que significa orientar-se no pensamento?" In: TEXTOS *seletos*. Trad. Floriano de Sousa Fernandes. 8ª ed. Petrópolis: Vozes, 2012, pp. 46-62.

_____. "Resposta à pergunta: Que é 'Esclarecimento' (Aufklärung)?" In: TEXTOS *seletos*. Trad. Floriano de Sousa Fernandes. 8ª ed. Petrópolis: Vozes, 2012, pp. 63-71.

KANT, Immanuel. *Rumo à paz perpétua*. Trad. Heloísa Sarzana Pugliesi. Edição bilíngue. São Paulo: Ícone, 2010.

_____. "Sobre a discordância entre a moral e a política a propósito da paz perpétua?" In: TEXTOS *seletos*. Trad. Floriano de Sousa Fernandes. 8ª ed. Petrópolis: Vozes, 2012, pp. 79-91.

_____. "Sobre um suposto direito de mentir por amor à humanidade". In: TEXTOS *seletos*. Trad. Floriano de Sousa Fernandes. 8ª ed. Petrópolis: Vozes, 2012, pp. 72-8.

_____. *Zum ewigen Frieden*: ein philosophischer Entwurf. Hamburg: Felix Meiner, 1992.

KELSEN, Hans. *A paz pelo direito*. Trad. Lenita Ananias do Nascimento. São Paulo: WMF Martins Fontes, 2011.

_____. *Princípios do direito internacional*. Trad. Ulrich Dressel e Gilmar Antonio Bedin. Ijuí: Unijuí, 2010.

_____. *Teoria geral do direito e do Estado*. Trad. Luís Carlos Borges. São Paulo: Martins Fontes, 2000.

_____. *The Law of the United Nations*. New York: Frederick A. and Praeger, 1951.

_____, apud GUINSBURG, J. (Org.). *A paz perpétua*: um projeto para hoje. Trad. J. Guinsburg. São Paulo: Perspectiva, 2004,

KOLB, Robert. *An Introduction to the Law of the United Nations*. Oregon: Oxford and Portland, 2010.

KORFF, Serge A. "Introduction à l'histoire du droit international". *Recueil des Cours*, Haye, v. 1, 1923, pp. 5-23 (Collected Courses of The Hague Academy of International Law).

LACROIX, Jean. *Kant e o kantismo*. Trad. Maria Manuela Cardoso. Porto: Rés, 1996.

_____. *Kant et le kantisme*. Paris: PUF, 1966.

LAFER, Celso. *A reconstrução dos direitos humanos*: um diálogo com o pensamento de Hannah Arendt. 6ª ed. São Paulo: Companhia das Letras, 2006.

LAFER, Celso. "Kant e a razão abrangente da humanidade no percurso de Sérgio Vieira de Mello". In: MARCOVITCH, Jacques (Org.). *Sérgio Vieira de Mello*: pensamento e memória. São Paulo: Saraiva, 2004, pp. 27-34.

_____. "Na confluência entre o pensar e o agir: sobre uma experiência com os conceitos de Hannah Arendt". In: _____. *Hannah Arendt*: pensamento, persuasão e poder. 2ª ed. São Paulo: Paz e Terra, 2003, pp. 173-94.

LEDERMANN, László. *Les précurseurs de l´organisation internationale*. Neuchâtel: Éditions de la Baconnière, 1945.

LEIBNIZ, G. W. *Observations sur le projet de paix perpétuelle de l'abbé de Saint-Pierre*. Caen: Centro de Filosofia Política e Jurídica, Universidade de Caen, Biblioteca de Filosofia Política e Jurídica, 1993. Textos e documentos.

LEITE, Flamarion Tavares. *10 lições sobre Kant*. Petrópolis: Vozes, 2007.

LOSANO, Mario G. (Org.). *Direito internacional e Estado soberano*. Trad. Marcela Varejão. São Paulo: Martins Fontes, 2002.

MAGNOLI, Demétrio (Org.). *História da paz*. São Paulo: Contexto, 2008.

MAQUIAVEL, Nicolau. *O Príncipe*. Trad. Maria Júlia Goldwasser. São Paulo: WMF Martins Fontes, 2004.

MARQUES, Viriato Soromenho. *História e política no pensamento de Kant*. Sintra: Publicações Europa-América, 1994.

MARTIN, Nejedlý. "Le projet d'union entre pays européens conçu en Bohême dans les années 1463-1464: un projet de croisade contre les turcs?" *Comptes Rendus des Séances de l'Académie des Inscriptions et Belles-Lettres*, 153º ano, n. 2, 2009, pp. 877-99. Disponível em: <https://www.persee.fr/doc/crai_0065-0536_2009_num_153 _2_92552>. Acesso em: 20 jun. 2020.

MASCARO, Alysson Leandro. *Introdução à filosofia do direito*: dos modernos aos contemporâneos. São Paulo: Atlas, 2002.

MATTOS, Adherbal Meira. Organização das Nações Unidas – 60 anos. In: MERCADANTE, Araminta e MAGALHÃES, José Carlos de (Orgs.). *Reflexões sobre os 60 anos da ONU*. Ijuí: Unijuí, 2005, pp. 13-82.

MELLO, Celso Duvivier de Albuquerque. *Curso de direito internacional público*. 13ª ed. Rio de Janeiro: Renovar, 2001, v. 1 e 2.

MELLO, Sérgio Vieira de. "A consciência do mundo: a ONU diante do irracional na História". In: MARCOVITCH, Jacques (Org.). *Sérgio Vieira de Mello*: pensamento e memória. São Paulo: Saraiva, 2004, pp. 69-90.

_____. "História filosófica e real: atualidade do pensamento político de Kant". In: MARCOVITCH, Jacques (Org.). *Sérgio Vieira de Mello*: pensamento e memória. São Paulo: Saraiva, 2004, pp. 35-60.

MELLO, Valerie de Campos. "Novas ameaças a paz e segurança: o papel da ONU". *Cadernos Adenauer* (Reformas na ONU), Rio de Janeiro, ano 6, n. 1, 2005, pp. 13-28.

MERCADANTE, Araminta de Azevedo. "Algumas questões específicas no direito internacional: língua dos tratados e reforma da ONU". In: CASELLA, Paulo Borba *et al.* (Orgs.). *Direito internacional, humanismo e globalidade*. São Paulo: Atlas, 2008, pp. 373-90.

MIRANDA, Luiz Ricardo. *O Grupo Banco Mundial e a regulação internacional do financiamento de projetos* (project finance). 2013. Tese (Doutorado) – Faculdade de Direito da Universidade de São Paulo, São Paulo, 2013.

MONCADA, L. Cabral de. *Filosofia do direito e do Estado*. Coimbra: Coimbra Ed., 1995.

MONTEAGUDO, Ricardo. "Autonomia em Rousseau e Kant". In: MARTINS, Clélia Aparecida e MARQUES, Ubirajara Rancan de Azevedo (Orgs.). *Kant e o kantismo*: heranças interpretativas. São Paulo: Brasiliense, 2009, pp. 303-13.

MONTESQUIEU, Charles-Louis de Sécondat. *Do espírito das leis*. Trad. Jean Melville. São Paulo: Martin Claret, 2002.

MORE, Thomas. *Utopia*. Trad. Jeferson Luiz Camargo e Marcelo Brandão Cipolla. São Paulo: WMF Martins Fontes, 2020.

MORRIS, Clarence (Org.). *Os grandes filósofos do direito*. Trad. Reinaldo Guarany. São Paulo: Martins Fontes, 2002.

MOURÃO, Fernando Augusto Albuquerque. "Reminiscências de Francisco Vitória nas lições de Guido Soares". In: CASELLA, Paulo Borba *et al.* (Orgs.). *Direito internacional, humanismo e globalidade*. São Paulo: Atlas, 2008, pp. 391-8.

NODARI, Paulo César. "Rousseau e a paz". *Veritas*, v. 56, n. 3, set./dez. 2011, pp. 167-84.

NOUR, Soraya. *À paz perpétua de Kant*: filosofia do direito internacional e das relações internacionais. São Paulo: WMF Martins Fontes, 2004.

_____. *O conceito de direito internacional em Kant e sua recepção na filosofia política do direito internacional e das relações internacionais*. Tese (Doutorado) – Faculdade de Direito da Universidade de São Paulo, São Paulo, 1999.

PASVOLKY, Leo. "Discurso na Universidade de Illinois em 2 de maio de 1950", *apud* GROSS, Ernest A. *As Nações Unidas*: estrutura da paz. Trad. Waldemir Nogueira Araújo. Rio de Janeiro: Edições GDR, 1964.

PENN, William. *The Peace of Europe, the Fruits of Solitude*. Londres: Everyman, 1993.

PERES, Daniel T. "Direito, política e história em Kant". In: TRAVESSONI, Alexandre. *Kant e o direito*. Belo Horizonte: Mandamentos, 2009, pp. 68-73.

PETIT, Yves. *Droit international du maintien de la paix*. Paris: LGDJ, 2000.

PHILONENKO, Alexis. *Kant et Fichte*: qu'est-ce que la philosophie? Paris: Vrin, 1991.

PIOVESAN, Flávia. *Direitos humanos e o direito constitucional internacional*. 12ª ed. rev., ampl. e atual. São Paulo: Saraiva, 2011.

PLATÃO. *A República*. Trad. Pietro Nassetti. São Paulo: Martin Claret, 2003.

RAMEL, Frédéric e CUMIN, David. *Philosophie des relations internationales*. Paris: Presses de Sciences Po, 2002.

RANGEL, Vicente Marotta. "Prefácio". In: VATTEL, Emmerich. *O direito das gentes ou Princípios da lei natural aplicados à condução e aos negócios das nações e dos governantes*. Trad. Ciro Mioranza. Ijuí: Unijuí, 2008.

RAWLS, John. "O construtivismo kantiano na teoria moral (1980)". In: _____. *Justiça e democracia*. Trad. Irene A. Paternot. 2ª ed. São Paulo: Martins Fontes, 2002, pp. 43-111.

_____. *O direito dos povos*. Trad. Luís Carlos Borges. 2ª ed. São Paulo: Martins Fontes, 2004.

REALE, Giovanni e ANTISERI, Dario. *Filosofia*: Idade Moderna. 2ª ed. São Paulo: Paulus, 2018.

RENAUT, Alain. *Kant aujord'hui*. Paris: Aubier, 1997.

RIBEIRO, Manuel de Almeida. *A Organização das Nações Unidas*, 2ª ed. Coimbra: Almedina, 2016.

ROHDEN, Valério (Org). *Kant e a instituição da paz*. Porto Alegre: Ed. da UFRGS/Goethe-Institut/ICBA, 1997.

ROMANO, Roberto. "Ensaio para um posfácio". In: GUINSBURG, J. (Org.). *A paz perpétua*: um projeto para hoje. Trad. J. Guinsburg. São Paulo: Perspectiva, 2004, pp. 101-53.

ROSENFELD, Anatol. "O problema da paz universal: Kant e as Nações Unidas". In: GUINSBURG, J. (Org.). *A paz perpétua*: um projeto para hoje. Trad. J. Guinsburg. São Paulo: Perspectiva, 2004, pp. 89-99.

ROUSSEAU, Jean-Jacques. *Discurso sobre a origem e os fundamentos da desigualdade entre os homens*. Trad. Lourdes Santos Machado. São Paulo: Nova Cultural, 1999 (Col. Os Pensadores).

_____. *Do contrato social*. Trad. Pietro Nassetti. São Paulo: Martin Claret, 2003.

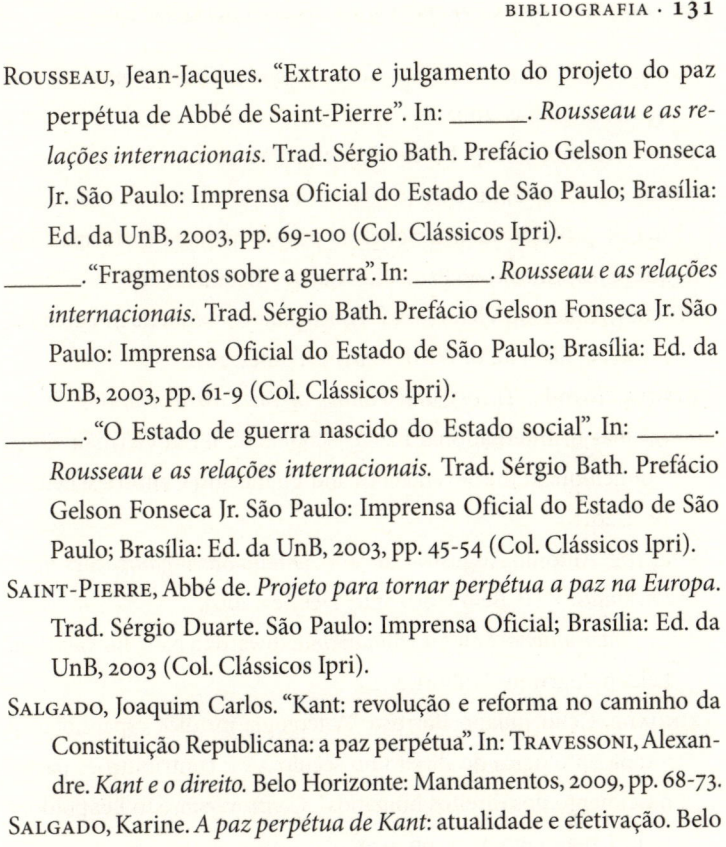

ROUSSEAU, Jean-Jacques. "Extrato e julgamento do projeto do paz perpétua de Abbé de Saint-Pierre". In: _____. *Rousseau e as relações internacionais*. Trad. Sérgio Bath. Prefácio Gelson Fonseca Jr. São Paulo: Imprensa Oficial do Estado de São Paulo; Brasília: Ed. da UnB, 2003, pp. 69-100 (Col. Clássicos Ipri).

_____."Fragmentos sobre a guerra". In: _____. *Rousseau e as relações internacionais*. Trad. Sérgio Bath. Prefácio Gelson Fonseca Jr. São Paulo: Imprensa Oficial do Estado de São Paulo; Brasília: Ed. da UnB, 2003, pp. 61-9 (Col. Clássicos Ipri).

_____. "O Estado de guerra nascido do Estado social". In: _____. *Rousseau e as relações internacionais*. Trad. Sérgio Bath. Prefácio Gelson Fonseca Jr. São Paulo: Imprensa Oficial do Estado de São Paulo; Brasília: Ed. da UnB, 2003, pp. 45-54 (Col. Clássicos Ipri).

SAINT-PIERRE, Abbé de. *Projeto para tornar perpétua a paz na Europa*. Trad. Sérgio Duarte. São Paulo: Imprensa Oficial; Brasília: Ed. da UnB, 2003 (Col. Clássicos Ipri).

SALGADO, Joaquim Carlos. "Kant: revolução e reforma no caminho da Constituição Republicana: a paz perpétua". In: TRAVESSONI, Alexandre. *Kant e o direito*. Belo Horizonte: Mandamentos, 2009, pp. 68-73.

SALGADO, Karine. *A paz perpétua de Kant*: atualidade e efetivação. Belo Horizonte: Mandamentos, 2008.

SARFATI, Gilberto. *Teorias de relações internacionais*. São Paulo: Saraiva, 2005.

SEITENFUS, Ricardo. *Manual das Organizações Internacionais*. 5ª ed. Porto Alegre: Livraria do Advogado, 2012.

SHAMDASANI, Sonu. *C. G. Jung*: uma biografia em livros. Trad. Gentil A. Titton. Petrópolis: Vozes, 2014.

SHAW, Malcom N. *Direito internacional*. São Paulo: Martins Fontes, 2010.

_____. *International Law*. 6ª ed. Cambridge: Ed. Cambridge, 2008.

SILVA, Carlos Eduardo Lins da."A ONU e a consciência do mundo diante do possível". In: MARCOVITCH, Jacques (Org.). *Sérgio Vieira de Mello*: pensamento e memória. São Paulo: Saraiva, 2004, pp. 61-8.

Soares, Guido Fernando Silva. *Curso de direito internacional público*. São Paulo: Atlas, 2002.

Stevens, Anthony. *Jung*. Porto Alegre: L&PM, 2012.

Swinarski, Christophe. *Direito internacional humanitário*: como sistema de proteção internacional da pessoa humana (principais noções e institutos). São Paulo: Revista dos Tribunais: NEV/USP, 1990.

Teixeira, Anderson Vichinkeski. *Teoria pluriversalista do direito internacional*. São Paulo: WMF Martins Fontes, 2011.

Tetsuya, Toyoda. *Theory and Politics of the Law of Nations*: Political Bias in International Law Discourse of Seven German Court Counciliors in the Seventeenth and Eighteenth Centuries. Leiden: Brill, 2011.

Trindade, Antônio Augusto Cançado. *Direito das organizações internacionais*. 3ª ed. Belo Horizonte: Del Rey, 2003.

_____. *International Law for Humankind*: towards a New *Jus Gentium*. Leiden: Martinus Nijhoff, 2010.

Trindade, Célio Juliano Barroso. "A teologia jurídica espanhola e a virada ontológica do direito no século XVI: contribuições para o nascimento dos direitos humanos". *Controvérsia*, São Leopoldo, v. 15, n. 2, maio/ago. 2019, pp. 3-19.

Trindade, Luciano José. *À paz perpétua de Kant e a sociedade internacional contemporânea*. Ijuí: Unijuí, 2010 (Col. Relações Internacionais e Globalização).

Truyol y Serra, Antonio. *História do direito internacional público*. Trad. Henrique Barrilaro Ruas. Lisboa: Instituto Superior de Novas Profissões, 1996 (Col. Estudos Gerais).

Ugarte, José Manuel. *Los Conceptos Jurídicos e Políticos de la Seguridad y la Defensa*. Buenos Aires: Plus Ultra, 2003.

Valente, Pe. Milton S. J. *A ética estoica em Cícero*. Caxias do Sul: Educs, 1984, p. 465, *apud* Cícero, Marco Túlio. *Tratado das leis*. Trad. Marino Kury. Caxias do Sul: Educs, 2004.

VATTEL, Emmerich. *O direito das gentes ou princípios da lei natural aplicados à condução e aos negócios das nações e dos governantes.* Trad. Ciro Mioranza. Ijuí: Unijuí, 2008.

VERGEZ, André e HUISMAN, Denis. *Curso moderno de filosofia.* Trad. Lélia de Almeida González. 7ª ed. Rio de Janeiro: Freitas Bastos, 1980.

_____. *História dos filósofos ilustrada pelos textos.* Trad. Lélia de Almeida Gonzáles. 6ª ed. Rio de Janeiro: Freitas Bastos, 1984.

VERGUEIRO, Luiz Fabrício Thaumaturgo. *Implementação da cooperação jurídica internacional vertical.* 2012. Tese (Doutorado) – Faculdade de Direito da Universidade de São Paulo, São Paulo, 2012.

VISSCHER, Charles de. *Théories et réalités en droit international public.* 4ª ed. Paris: A. Pedone, 1970.

VITÓRIA, Francisco de. *Os índios e o direito da guerra.* Trad. Ciro Mioranza. Ijuí: Unijuí, 2006.

WEISS, Thomas G. et al. *The United Nations and Changing World Politics.* 5ª ed. Colorado: Westview, 2007.

WHITE, Nigel D. *The United Nations System*: toward International Justice. Colorado: Rienner, 2002.

WILLIFORD, Miriam. *Jeremy Bentham on Spanish America*: an Account of his Letters and Proposals to the New World. Louisiana: Louisiana State University Press, 1980.

ZUCCHERINO, Ricardo Miguel. *Derecho Internacional Privado.* Buenos Aires: Lexis Nexis, 2008.

GRÁFICA PAYM
Tel. [11] 4392-3344
paym@graficapaym.com.br